COMMENT DEVIENT-ON AMOUREUX ?

Lucy VINCENT

COMMENT DEVIENT-ON AMOUREUX ?

Odile Jacob

poches

© ODILE JACOB, 2004, MAI 2006
15, RUE SOUFFLOT, 75005 PARIS

www.odilejacob.fr

ISBN 978-2-7381-1744-1
ISSN : 1621-0654

For Mum.
Love is all you need.

Notre histoire d'amour à tous

L'être humain naît amoureux. Son premier objet d'amour est celle qui le prend dans ses bras pour lui donner son lait et ses sourires. La suite de sa vie ne sera qu'une longue quête d'amour, parfois satisfaite (il y a des amours heureux !), souvent contrariée, tragique enfin. Les hommes, tous genres et affinités confondus, ne pensent qu'à ça. L'amour est le propre de l'espèce humaine ; peut-être les animaux en sont-ils capables, mais ils n'ont pas les mots pour le dire. L'état amoureux est un éprouvé du désir que l'on porte à un autre ; il nécessite absolument la présence de cet autre et un échange avec lui. Le langage, sous toutes ses formes, est l'expression de cet état de mon corps qui, de façon plus ou moins retenue, s'adresse à un autre corps toujours admirable, car désirable.

L'amour, donc, est bavard, il fait parler ou écrire et on a beaucoup parlé et écrit sur l'amour. Loin de moi la capacité ou l'envie d'écrire une nouvelle contribution à la bibliothèque universelle consacrée à l'amour qui contient des milliers d'ouvrages.

On me pardonnera de rester « au ras des pâquerettes », ce qui est d'autant excusable que cette fleur est celle que l'on effeuille pour parler d'amour. J'éviterai donc de me perdre dans la distinction foncière entre l'amour et l'état amoureux, ou si l'on préfère entre le fait d'« être amoureux » et celui d'« aimer d'amour » (le seul amour qui serait authentique). Freud lui-même évite ce piège et fait entrer l'état amoureux dans ce qu'il appelle l'« amour véritable », par opposition à la relation exclusivement sexuelle qui se limite à la seule décharge de la tension du besoin « génésique » où l'on voit l'attrait de l'objet s'abolir dès la satiété obtenue. Nous serions là dans le domaine de l'animalité. S'agissant de l'homme, ce que l'on entend communément par tomber ou être amoureux suppose l'association intime du désir et de la tendresse (ce mot à lui seul justifierait bien des développements). Je n'irai pas plus loin dans la définition de l'état amoureux.

Depuis moins de vingt ans, on a progressé de façon spectaculaire dans la « biologie de l'état amoureux » qui n'est autre que l'étude des mécanismes sous-jacents au désir et aux états affectifs qui l'accompagnent avec toute la gamme de sentiments allant du plaisir fou à la souffrance la plus noire. La psychologie abordée sous un angle objectif et scientifique, en dehors de toute approche introspective, n'est pas en reste de données qui éclairent la démarche amoureuse. Pour un biologiste de stricte obédience darwinienne, l'amour serait le serviteur exclusif et dévoué de la reproduction et il n'aurait d'autre fin que la survie de l'espèce. Mais pas plus que la femme qui jouit ne pense à la patrie en danger, l'homme qui dépose sa semence dans le « vase sacré » de sa compagne n'invoque la défense de l'espèce menacée. Cela n'empêche pas les stratégies de l'amour d'obéir à des règles imposées par l'évolution et la sélection naturelle. J'essayerai d'en montrer les dessous et les ressorts et d'en fixer les limites.

Dans ce livre, il sera davantage question d'hormones, de phéromones et de médiateurs que d'états d'âme. Mais ces outils de l'amour n'ont de sens que si l'on comprend l'usage qu'en font l'homme et la femme dans la conduite de leurs actes et de leurs pensées. On essaiera de répondre à ces graves questions : comment s'établit un couple ? comment et grâce à quels stratagèmes du psychisme dure-t-il ? Nous découvrirons les causes et les conséquences du désamour, voire de l'absence de l'amour, avec ses fâcheuses incidences sur la santé. Nous explorerons les abîmes où poussent les racines empoisonnées de la jalousie. Nous verrons, enfin, l'amour médecin et l'amour malade ainsi que les remèdes que la tradition et, aujourd'hui, la science nous proposent.

Si une fois ce livre refermé, vous ne partez ou repartez d'un cœur plus rassuré à la recherche de l'amour, j'aurai manqué ma mission. Mais il est vrai que, peut-être, pour certains d'entre vous la grâce d'aimer et d'être aimé est déjà là. C'est le bonheur que je souhaite à tous.

Première partie

UNE ATTRACTION IRRÉSISTIBLE

« L'amour est comme la fièvre, il naît et s'éteint
sans que la volonté y ait la moindre part. »

Stendhal, *De l'Amour*.

CHAPITRE PREMIER

L'amour, c'est plus fort que tout !

Certains cherchent l'amour activement, mais beaucoup sans y penser. De toute façon, l'amour est souvent où on ne l'attend pas, comme pour démontrer que moins on cherche, plus on trouve. La plupart des stimuli, indices et informations qui poussent deux personnes l'une vers l'autre ne passent pas par la partie consciente du cerveau ; on croit ne rien chercher mais en réalité on est toujours en train d'émettre des signaux et d'en recevoir des autres. Il ne peut en être autrement ; l'évolution a façonné le corps humain pour être le plus efficace possible dans deux domaines primordiaux : la survie et la reproduction. Notre corps et le cerveau qui le dirige sont donc fabriqués pour nous conduire vers l'accouplement. Même si on a des projets de carrière, d'exploits sportifs ou de voyage à long terme, il faut savoir qu'on n'est jamais à l'abri et qu'on risque toujours de tomber amoureux pour mettre à exécution notre destin génétique.

ON CHERCHE QUELQU'UN ?

On dit que le moment du coup de foudre est un moment particulier, un événement très important dans une vie. C'est un moment poétique, romantique, décisif, qui ne concerne que deux personnes, loin des gonadotrophines, des érections et de la testostérone. Il y a une vraie reconnaissance, une réelle compatibilité et un tel confort à être l'un avec l'autre qu'on forme désormais un couple : les deux personnes que nous étions auparavant ne fonctionnent plus individuellement de la même façon, simplement parce qu'elles sont conscientes de la présence de l'autre. Les neurobiologistes sont assez d'accord avec cette façon de voir les choses et ne confondent pas l'amour et le sexe ; ils ne confondent d'ailleurs pas non plus l'amour et l'attachement.

Sexe, amour et attachement

Helen Fisher et son équipe de neurobiologistes ont distingué trois étapes, ou niveaux d'attraction, dans l'établissement d'un couple sexuel :

1. Le désir sexuel (la libido), qui se caractérise par un besoin pressant de gratification sexuelle et qui n'est pas lié à la présence d'une personne particulière.

2. L'attraction très spéciale pour une personne du sexe opposé, objet de toute notre attention et de notre énergie, qui se caractérise par de l'euphorie, des pensées envahissantes centrées sur la personne cible et par une envie irrépressible d'être uni émotionnellement avec celle-ci. Il s'agit, bien sûr, d'amour !

3. L'attachement, ou l'installation dans la durée, qui se caractérise chez les animaux par la construction du nid, la défense du territoire et les soins mutuels, y compris alimentaires, et chez les couples humains, par des fonctions globalement équivalentes. À ce stade, l'objectif est, bien entendu, l'éducation des petits.

Entre le sexe, l'amour et l'attachement, évidemment il y a des ponts, mais aussi des différences. Ces différences impliquent des systèmes cérébraux distincts mais interdépendants[1], et pour paraphraser saint Paul*, le plus grand des trois, du moins en ce qui nous concerne ici, sera l'amour, l'attraction très particulière pour une autre personne, qui nous obsède et qui devient, pour une période de notre vie, le seul partenaire sexuel concevable. Cette attraction repose sur une multitude d'indications, et le nombre de caractères impliqués pour que deux êtres s'accordent est tellement important que la rencontre amoureuse n'est pas un événement fréquent. Il y a même une légende qui court et qui prétend que pour chaque personne vivante il n'y aurait qu'un seule partenaire possible, « le bon », qu'il faut trouver – les Anglo-Saxons parlent, eux, de *Mr ou Mrs Right* (« M. ou Mme Juste »). Voilà pourquoi, oui, malgré nous, mais parce qu'on est fait comme ça, on cherche !

QUI CHERCHE-T-ON ?

On cherche d'abord, tout simplement, à se reproduire, selon la mission qui est inscrite dans nos gènes. Notre constitution biologique implique que nous devons trouver un partenaire volontaire du sexe opposé qui dispose d'une panoplie génétique complémentaire à la nôtre de façon à optimiser nos chances de produire un enfant viable, et de surcroît doté d'un maximum de qualités pour assurer sa survie et sa reproduction futures. On peut être soi-même porteur de gènes « sains » et « efficaces », mais si on se réunit avec quelqu'un qui porte de « mauvais » gènes, nos enfants ont des chances réduites de

---

* « Maintenant donc ces trois-là demeurent, la foi, l'espérance et l'amour, mais l'amour est le plus grand », *Lettre de saint Paul aux Corinthiens*, I, 13, 13, traduction œcuménique.

survivre sur le long terme. L'évolution sélectionne les gènes qui favorisent la survie et ne pleure pas sur les gènes qui tombent sur des corps infertiles, les figeant dans l'impasse d'une génération sans suite. En contrepartie, on augmente considérablement les chances de survie de nos enfants si on dispose des moyens de chercher activement le partenaire sexuel qui nous permettra de mêler nos gènes à un bouquet génétique de choix qui soit, par exemple, porteur de résistances aux maladies et soit éventuellement complémentaire du nôtre pour combler ses manques.

Au fil du temps, il y a eu par conséquent une ruée féroce sur deux sortes de gènes : ceux qui assurent notre survie bien sûr, mais aussi ceux qui nous aident à reconnaître un partenaire viable et nous permettent d'être sélectionné par ce même partenaire car, jusqu'à plus ample information, il faut être deux pour se reproduire ! Les critères d'attraction selon lesquels on trouve quelqu'un « canon » ou « moche » résultent donc d'une sélection par l'évolution d'indices pour signaler la qualité du génome d'en face. Cette façon de concevoir le choix des partenaires résulte d'une nouvelle branche de la biologie de l'évolution qui a explosé depuis les deux dernières décennies. En fait, Darwin lui-même avait avancé l'idée de la sélection de caractères sexuels pour leur attractivité, mais cette notion déplaisait tellement aux victoriens qu'on l'a laissée de côté pendant un siècle et demi.

Ce raisonnement fondé sur l'utilité reproductive paraît *a priori* exclure les homosexuels du coup de foudre. En fait, les homosexuels naissent avec les mêmes gènes que les hétérosexuels, ce qui implique que si l'évolution a mis en place les mécanismes permettant une attraction très forte avec un autre individu, ils en subissent aussi les effets, tout comme d'ailleurs les hétérosexuels qui utilisent des moyens contraceptifs à vie et ne se reproduisent pas.

MON AMOUR, MON MÊME

Si on vous demandait de décrire le partenaire de vos rêves, vous ne diriez jamais que vous voudriez quelqu'un qui se rapproche le plus possible de vous-même, et pourtant selon les données sociologiques, c'est bien lui que l'on recherche et que l'on trouve parfois.

Les couples se ressemblent

D'abord, la constatation évidente : les couples se ressemblent physiquement et psychiquement ; on peut l'observer autour de soi. Il est vrai qu'une pareille évidence est si énorme que parfois on ne la voit pas. Je vous propose d'imaginer le cas de figure contraire : des couples mariés qui seraient très différents... L'idée semble tellement incongrue que les comiques s'en servent, qu'on pense aux couples dessinés par Dubout ou Faizant : le rire qui se fait toujours aux dépens de l'autre est un grand profiteur des tares génétiques.

Mais vous n'êtes pas obligé de me croire sur parole. À l'appui de mes dires, il y a des études scientifiques faites tout simplement parce que les médecins ont été frappés de voir le nombre de couples où les deux partenaires présentaient les mêmes symptômes et se plaignaient des mêmes maladies[2]. Plusieurs équipes exerçant dans différents pays ont ainsi comparé chez les deux individus d'un même couple des paramètres comme la taille des parties du corps, le métabolisme, la personnalité, les facteurs de susceptibilité à certaines maladies psychiques, l'intelligence et le nombre d'années passées à l'école.

Premier constat : il ne s'agit pas d'un phénomène local, car, dans tous les pays du monde où l'on a procédé au relevé des données, on a observé que les couples se ressemblent bien plus que deux personnes prises au hasard dans la rue. C'est vrai aux États-Unis[3] comme en Angleterre, en Corée[4], en Suède[5] ou au Canada. La ressemblance se retrouve pour pratiquement tous les paramètres mesurés, aussi bien pour des caractères physiques comme la taille[6] que pour la personnalité[7], l'intelligence[8, 9] ou le niveau d'éducation. C'est même vrai pour des caractères qu'on ne perçoit que tardivement et subjectivement comme le bien-être[10], l'anxiété et la dépression[2] ou même pour ceux qui, comme le taux de cholestérol et la pression sanguine[11, 12, 13], ne peuvent s'apprécier.

Cela, m'objecterez-vous, ne prouve rien, car les couples mariés partagent le même train de vie, mangent les mêmes choses, boivent le même vin, pratiquent les mêmes activités sportives (ou pas), fréquentent les mêmes amis et vivent sous le même climat, ce qui pourrait suffire à expliquer un grand nombre de similitudes. Mais la science a songé à cet argument et a pris la peine de comparer les données relevées chez des couples de longue date avec les données enregistrées chez des jeunes mariés qui n'ont pas encore eu le temps de déteindre l'un sur l'autre ou de glisser ensemble sur la pente du laisser-aller conjugal vers des soirées pizza/bière/télé.

Comparer les deux groupes a permis de voir si le nombre de paramètres communs augmentait avec le nombre d'années de mariage ou bien si le degré de ressemblance était aussi important pour les jeunes mariés que pour les vieux couples, auquel cas la sélection des caractères en commun serait antérieure à l'installation du couple dans la durée. Résultats ? Eh bien, les couples se ressemblent dès le départ, dès leur mariage !

Globalement, les individus qui se choisissent pour le mariage ou le concubinage le font sur des critères de ressemblance, ce qui rappelle le bon vieil adage : qui se ressemble s'assemble[14, 15]. En langage scientifique, on parle, pour désigner ce phénomène, d'« accouplement assortatif », par opposition à l'« accouplement disassortatif » qui implique une sélection d'après des paramètres de non-ressemblance.

L'idée qu'on est attiré par ce qui nous ressemble le plus et que cette attraction obéit à des mécanismes neurobiologiques

---

Le poids ne compte pas

Le seul paramètre pour lequel les couples tendent à devenir de plus en plus ressemblants avec le temps est le poids, ou l'indice de masse corporelle. Toutefois, cette constatation peut être élargie à l'ensemble de la population du monde occidental qui subit en silence la surproduction industrielle de féculents bon marché et les incitations répétées à les consommer en réponse à la publicité télévisuelle. Autrement dit, en ce qui concerne le poids, on se ressemble *tous* de plus en plus : le poids gagne sur tous les terrains aussi bien dans les couples que chez de simples voisins.

---

inconscients pose un problème troublant, car ceux qui nous ressemblent le plus sont évidemment les membres de notre famille en raison de note patrimoine génétique commun. Si l'amour fonctionne bien sur un mécanisme où les semblables s'attirent, il doit donc logiquement exister une attraction sexuelle très forte à l'intérieur de toutes les familles et on songe inévitablement aux vers de Baudelaire : « Mon enfant, ma sœur/songe à la douceur/d'aller là-bas vivre ensemble. »

L'attraction génétique sexuelle

L'inceste est tabou, et s'il existe de tels désirs on les fait taire, mais, grâce aux sociétés d'aide pour les personnes adoptées désireuses de retrouver des membres de leur famille biologique, on sait qu'il existe des cas d'attirance sexuelle très forte au moment de la rencontre. Internet a permis à un grand nombre d'enfants adoptés de rencontrer leurs parents ou leurs frères et sœurs biologiques après de nombreuses années de séparation et certains ont raconté le déclic fulgurant qu'ils ont ressenti à cet instant décisif et qu'ils assimilent volontiers à un coup de foudre. Apparemment, il ne s'agirait pas de cas isolés et cette attraction sexuelle très forte serait présente dans

environ 50 % des cas de retrouvailles. Pour désigner ce phénomène, les psychologues ont d'ailleurs forgé un nouveau
concept, celui d'« attraction sexuelle génétique », ou ASG.

Tara, Ellis et tous les autres...

« La passion crue, sexuelle, ressentie par Tara au moment de la
première rencontre avec son frère n'était pas l'émotion à laquelle
elle s'attendait avant de rencontrer le premier membre de sa
famille biologique qu'elle ait jamais connu. "Aucun de nous ne
croyait au coup de foudre avant de nous rencontrer, mais c'est
exactement ce qui s'est produit, a-t-elle ajouté. Des chevaux sau-
vages n'auraient pas pu nous séparer." Autre histoire : quand Ellis
a retrouvé sa sœur par Internet, elle était ravie : "Je ne savais pas
que j'avais un frère, mais quand j'ai vu Ellis sur le pas de la porte,
c'était comme si je regardais dans un miroir : on se ressemblait,
on pensait pareil et même d'une certaine manière on avait la
même odeur. Il m'intoxiquait, je ne pouvais plus m'en rassasier."

« ... Tara et Ellis ressentent une forme puissante de l'attraction
génétique sexuelle (AGS), un terme utilisé depuis peu par les
experts pour décrire les sentiments de désir sexuel et d'amour
ressentis au moment de la rencontre des membres d'une même
famille biologique qui ont été séparés par l'adoption. Aux dires
de certains [...], le nombre de ceux qui succombent à leurs
désirs incestueux est à la hausse, et environ 50 % de ceux qui
rencontrent quelqu'un de leur famille biologique éprouvent un
certain degré d'attraction sexuelle.

« Roland Littlewood, professeur en anthropologie à l'University
College de Londres, a interrogé 20 personnes qui ont succombé
à leurs désirs incestueux. "La théorie freudienne, dit-il, nous
explique que le désir incestueux est très fort en chacun de nous
et que des tabous culturels puissants doivent être imposés pour
l'empêcher." Selon un autre point de vue, il n'y a pas vraiment de
problème car un grand nombre de données montrent que si on
vit ensemble pendant l'enfance, le désir sexuel est bloqué. »

Amelia Hill, *The Observer*, dimanche 4 mai 2003.

Ces témoignages, quelque peu choquants au premier abord, ne viennent que renforcer d'autres études montrant que si on sépare des enfants d'une famille pendant leur croissance, les liens et les rapports normaux qui existaient sont brisés, et on constate alors ultérieurement un nombre élevé d'incestes entre ces enfants[16]. À l'inverse, des enfants de familles biologiques différentes mais élevés ensemble (dans les kibboutz, par exemple) ne se marieront que rarement. S'agit-il donc d'un phénomène d'ordre purement social, ou bien existe-t-il réellement une attraction génétique expliquant l'attraction des semblables dans les couples ?

En 1891 déjà, un certain Edward Westermarck, anthropologue qui travaillait sur les tabous de l'inceste, avait proposé dans son livre *Une histoire du mariage humain* (*History of Human Marriage*)* une théorie selon laquelle la cohabitation pendant l'enfance d'enfants d'une même famille ou d'enfants avec leurs parents empêchait la formation d'une attraction sexuelle entre eux : cette cohabitation serait ainsi la condition inhibant l'inceste dans les familles. Au moment de la sortie du livre, cette hypothèse avait été bien reçue par la communauté des chercheurs, mais les écrits de Freud l'ont par la suite reléguée aux oubliettes. On sait, en effet, que, pour Freud, il n'y a pas de mécanisme biologique susceptible d'inhiber l'inceste et qu'il est nécessaire de l'interdire par des tabous d'ordre culturel.

Un siècle plus tard, les scientifiques citent de plus en plus souvent Westermarck et son hypothèse fait une sorte de *come back* remarquable. Elle a été notamment reprise en 1995 dans le livre d'Arthur Wolf qui cite comme preuves supplémentaires des exemples de coutumes maritales pratiquées chez les Chinois. Wolf rapporte en particulier le cas des mariées *sim-pua*, ces très jeunes filles qui sont élevées dans la famille de leur futur mari, en proximité avec celui-ci et avec ses frères et sœurs. À partir des 1 400 cas étudiés, il constate un taux

---

* En trois volumes ; vol. III ; 5e édition, MacMillan, Londres, 1921 ; disponible en ligne à http://www.questia.com/Index.jsp

d'adultère et de divorce très élevé chez ces mariés qui ont grandi ensemble et attribue ce phénomène à la cohabitation prolongée. Selon lui, il existerait, en outre, une « fenêtre » pendant le développement de l'enfant, jusqu'à l'âge de 30 mois environ, au cours de laquelle cette inhibition se mettrait en place[17] par la cohabitation.

Les conclusions de Wolf confortent l'hypothèse de certains chercheurs pour qui le mécanisme empêchant les enfants d'une même famille de coucher ensemble est de nature biologique. Dans le monde animal, on constate souvent que l'établissement de hiérarchies et l'attribution de rôles sociaux qui permettent la régulation à l'intérieur d'un groupe donné se font grâce à des molécules libérées dans l'air par certains membres de la communauté et reconnues par les autres membres de la communauté pour produire sur ces derniers les effets nécessaires à une vie en société réglée, et cela pourrait bien valoir également pour la famille humaine.

En famille

Une bonne part de communication non consciente se fait sans aucun doute par l'intermédiaire du système olfactif : on sent les autres et on traduit leur odeur. C'est ainsi qu'une mère est capable de reconnaître l'odeur de ses enfants, et les enfants préadolescents de reconnaître l'odeur de leurs frères et sœurs, mais pas de leurs demi-frères et demi-sœurs. Plus intéressant encore pour notre propos : on a pu constater une aversion olfactive dans les couples père-fille et frère-sœur, ce qui semble donner au sens de l'odorat une importance certain dans le refus de l'inceste[18].

De fait, beaucoup d'études sur la reconnaissance de l'autre à partir d'une différence ou une similitude génétique montrent que l'odorat joue le rôle déterminant. On est évidemment en droit de se demander comment des gènes peuvent se manifester dans une odeur ? Il est plus facile, en effet, d'imaginer que l'odeur de chacun est liée à son lieu de vie – les parfums, lessives, produits de nettoyage, odeurs de cuisine, etc. qui créent l'ambiance particulière de chaque maison. Un élément, pourtant, permet de privilégier la piste de l'origine génétique : le fait qu'on distingue assez aisément les odeurs de frères et sœurs qui ont été élevés dans la même ambiance odorante, mais beaucoup plus difficilement les odeurs de jumeaux qui sont génétiquement identiques. Si les odeurs provenaient de la maison, on distinguerait aussi mal les frères et sœurs que les jumeaux.

En fait, les gènes produisent toutes sortes de protéines qui ont une influence sur l'odeur du corps[19]. Les enzymes, par exemple, peuvent, par la dégradation plus ou moins importante de divers produits métaboliques dans le corps, modifier le contenu de la transpiration, de la salive, ou de l'haleine, ce qui explique pourquoi des personnes de la même famille, partageant un grand nombre de gènes et suivant un régime alimentaire commun, ont une odeur commune reconnaissable, mais pas identique.

« Toi aussi, tu aimes les navets ? C'est pas possible... »

On comprend mieux, aussi, l'étonnement qui saisit souvent les amoureux au début de leur histoire quand ils dînent ensemble pour la première fois : le phénomène du « C'est pas possible, tu as choisi les navets ! Moi aussi, j'adore les navets ! » Mais c'est justement parce que vous aimez tous les deux les navets que vous êtes assis l'un en face de l'autre en ce moment. Vous vous êtes reconnus grâce à l'odeur de navets métabolisés dans votre odeur corporelle, non seulement parce que vous en mangez tous les deux, mais parce que vous surproduisez tous les deux, à cause d'un gène commun, l'enzyme qui digère la cellulose du navet. Et c'est cette odeur que vous avez trouvée irrésistible, parce qu'elle vous rappelle votre propre odeur...

Vous restez encore sceptique et vous êtes prêt à me rétorquer que l'odorat chez l'être humain n'est qu'un vestige de ce qu'il a été chez nos ancêtres singes et que l'homme n'a plus l'appareil nécessaire pour reconnaître quelqu'un par son odeur ? Les résultats que je viens de rappeler montrent objectivement le contraire : nous en sommes encore capables, mais c'est une fonction dont nous ne sommes pas conscients. Cela n'a d'ailleurs rien de surprenant : les neurobiologistes connaissent la liaison privilégiée qui existe entre le sens olfactif et les fonctions inconscientes du cerveau, notamment grâce au dispositif anatomique qui permet à l'information olfactive d'atteindre le « cerveau qui sait » (le cerveau cognitif) par l'intermédiaire seulement de deux relais, au lieu des trois habituellement requis pour tous les autres messages des systèmes sensoriels. C'est la raison pour laquelle les messages olfactifs sont envoyés directement dans les zones du cerveau liées aux émotions.

Le nez, c'est vital !

« Sens archaïque, l'odorat nous a été transmis presque inchangé au cours de l'évolution pendant des centaines de millions d'années. Chez l'homme, cette conservation se traduit par l'intervention directe des messages olfactifs dans notre vie émotionnelle, reliant de façon intime les informations parvenant de notre environnement à notre affect. Ainsi, le contenu émotionnel des odeurs, qu'il soit plaisant ou déplaisant, constitue l'un des fondements majeurs de notre rapport avec le monde. Nous constatons tous les jours que les messages olfactifs ne peuvent être réduits à de simples influx de données liés à la nature des molécules qui parviennent à nos narines. En réglant les rapports entre nos connaissances sur l'environnement, nos émotions et nos actions, cette sensibilité chimique primitive a évolué progressivement pour assurer aujourd'hui, à travers l'olfaction, les fonctions biologiques les plus vitales : communication, alimentation et reproduction[20]… »

Autre expérience soulignant l'utilité de l'olfaction dans la mission reproductive qui est celle de tout être vivant : le fait que notre sensibilité à l'odeur de certaines molécules liées aux hormones sexuelles soit multipliée par cinq[21]. Voilà qui constitue déjà un indice important du rôle de l'odorat dans la reproduction, mais il y a mieux. Quand je dis « notre » sensibilité, il s'agit surtout de la sensibilité des femmes, en particulier lorsque celles-ci sont en période reproductive. La sensibilité aux molécules odorantes des mâles agit donc sur la fonction reproductive de la femelle humaine, mais la réciproque est également vérifiable, peut-être dans une moindre mesure. Le taux d'hormones sexuelles sécrétées par la femme n'est pas étranger au pouvoir d'attraction de celle-ci, et on se souvient de la lettre de Bonaparte annonçant sa venue prochaine à Joséphine : « Ne te lave pas... »

Scientifiquement donc, il semble bien qu'entre deux personnes, les choses se passent un peu comme entre nos amis les chiens : on se renifle sans s'en rendre compte, et notre cerveau est en attente de certaines molécules odorantes qui servent de code de reconnaissance pour une éventuelle similarité génétique et d'éventuelles similitudes en termes d'habitudes de vie. Cela n'est évidemment pas le seul ingrédient nécessaire à la naissance de l'amour, mais c'est sans aucun doute un signal déterminant.

Une fille comme maman, un garçon comme papa

La pertinence des odeurs familiales dans l'établissement d'une ressemblance génétique explique donc en partie que nous soyons souvent attirés par ceux qui nous rappellent nos parents. La biologie de l'attachement va également dans le même sens. On le sait, dans la vie de chacun, deux types de liens interpersonnels sont indispensables pour la survie et la reproduction : le lien parent-enfant et le lien mari-femme. Or l'établissement de ces deux types de liens implique les mêmes mécanismes entre le système nerveux et le système hormonal.

En règle générale, les interactions entre le monde extérieur et le travail des glandes endocrines dans le corps se produisent *via* un chemin privilégié : l'axe hypothalamus-hypophyse-glande (surrénale par exemple). Les messages qui arrivent du monde extérieur par les systèmes sensoriels (ouïe, toucher, vue, odeur, goût) sont intégrés dans les différentes zones du cerveau où leurs messages sont modifiés en fonction de nos souvenirs, de notre état hormonal, de nos attentes, etc. Un résumé de l'ensemble est alors envoyé à l'hypothalamus où il est traduit et exprimé sous forme d'instructions pour le système endocrinien. Les instructions sont ensuite relayées dans l'hypophyse, puis envoyées par la circulation sanguine dans le corps où des récepteurs reconnaissent les messages venant du cerveau et les traduisent en hormones. Il y a, enfin, rétroaction des hormones sur le cerveau pour rendre compte de l'efficacité du système et le réguler en permanence. C'est donc ce jeu de stimuli-réponses qui permet d'établir un lien avec quelqu'un d'autre et c'est l'axe hypothalamus-hypophyse-glande qui facilite l'attachement.

Aux origines de l'attachement

L'attachement est fondé sur un état de bien-être ressenti en présence de l'autre. Lors du développement de chacun, l'attachement parental précède l'attachement sexuel : il y a déjà eu dans la toute petite enfance la mise en place de « systèmes de renforcement » de cet état de bien-être induit par le rapprochement parent-enfant. Ces systèmes de renforcement sont l'odeur, les caresses, certains aliments, des paroles, des chansons, des sourires ou même des rituels comportementaux. Ce sont, pour le dire autrement, les stimuli sensoriels de toutes sortes qui renforcent le sentiment de lien en présence de celui qui fournit ces stimuli, c'est-à-dire d'abord le parent, puis la personne aimée.

Que l'évolution ait mis en place un mécanisme de facilitation du lien entre le parent et l'enfant est facile à comprendre, tant la survie d'un petit humain dépend de la présence de ses parents. Plus tard, cependant, c'est ce même axe hypothalamus-hypophyse-glande qui sera mis en branle pour l'établissement du lien sexuel avec un partenaire et qui se montrera sensible à un certain nombre de stimuli conditionnés pendant l'enfance[22]. Dans un tel contexte, il n'est donc pas très étonnant qu'on soit plus excité par un partenaire qui fournit des stimuli semblables à ceux fournis par les parents : une odeur ou une voix semblable, une certaine façon de sourire... Ces influences, qui se situent entre biologie et culture, jouent bien un rôle déterminant dans la naissance de l'amour.

LE MÊME, MAIS UN AUTRE !

À première vue, d'un point de vue purement biologique, il peut paraître contre-performant que les couples se forment sur la base de caractères ressemblants : la théorie de l'évolution nous enseigne, en effet, que plus on mélange les gènes en réunissant deux personnes de génomes très différents, plus on a de chances de faire taire d'éventuels gènes récessifs codant pour des protéines malformées et qui entraînent des maladies. Comment, donc, expliquer que le choix systématique, de génération en génération, de caractères semblables chez notre partenaire n'ait pas appauvri le génome de la population et rendu les individus plus vulnérables au nombre toujours croissant de mauvais gènes ? Est-ce parce qu'il faut mesurer les bénéfices sur l'ensemble du parcours et parce que le choix d'un partenaire conforme à ses habitudes de vie et avec qui on s'entend pour l'éducation des enfants (période qui est très longue dans l'espèce humaine) pèse davantage que les dégâts potentiels de quelques gènes malfaiteurs ?

Le brassage de gènes

Rien ne dit qu'on ne peut pas être sensible à des caractères semblables aux nôtres pour certains points et à des caractères dissemblables pour d'autres. Des marqueurs de personnalité et d'humeur ou même de taille pourraient déterminer notre aptitude à nous sentir bien avec quelqu'un, ce qui primerait pour la survie des enfants sur un éventuel brassage des gènes, alors que pour d'autres caractères liés à la santé, comme la résistance aux virus et aux bactéries, l'hétérogénéité des gènes l'emporterait et on serait plus sensible à des signaux marquant la différence. C'est le cas en particulier pour certains gènes du système immunitaire : les gènes du complexe majeur d'histocompatibilité, CMH, ou HLA chez l'humain (*Human Leukocyte Antigen*), qui reconnaissent des éléments étrangers dans nos cellules et les présentent aux cellules du système immunitaire qui se chargent de leur destruction. Actuellement, on estime que certaines combinaisons de ces gènes seraient avantageuses en cas d'infections graves ou répétées, et il a été avancé que plus on mélange ces gènes au sein d'une population donnée, plus on a de chances de créer les combinaisons avantageuses et donc des personnes résistantes aux microbes envahisseurs de notre corps.

Pour un mélange de gènes le plus efficace possible entre deux personnes, il faudrait donc idéalement que chaque individu puisse jauger des gènes des partenaires potentiels avant de se lier à celui qui présente le bouquet de gènes HLA le plus différent du sien. De même que, pour les traits de personnalité ou les indices de métabolisme semblable, on sent et on retient l'odeur semblable, pour les gènes du HLA, on sentirait la différence et on trouverait l'odeur de la différence irrésistible[23].

Concernant les gènes du système immunitaire, il semble bien que le message chimique porté par les T-shirts soit interprété comme étant agréable par quelqu'un dont les gènes sont

---

Des arômes envoûtants...

On a demandé à 121 hommes et femmes de se prononcer sur la nature agréable ou désagréable de l'odeur de six T-shirts portés par deux femmes et quatre hommes. Pour les sujets « senteurs » et les porteurs de T-shirt, on avait préalablement déterminé un certain nombre de gènes HLA. On a pu alors constater que les sujets inhalaient voluptueusement les odeurs de T-shirts portés par les personnes les plus éloignées d'eux par les gènes HLA, que ce soient des hommes ou des femmes. Autre constat : quand les sujets trouvaient qu'un T-shirt leur rappelait l'odeur de leur époux, le porteur du T-shirt était également éloigné d'eux par les gènes HLA[24, 25, 26].

---

complémentaires, mais désagréable par quelqu'un dont les gènes sont trop semblables pour produire un mélange efficace contre les agents pathogènes. De toute évidence, dans un exemple comme celui du HLA, où le brassage des gènes dans une population peut être avantageux pour la survie, quelque chose, qui est au moins partiellement olfactif, signale les individus aptes à introduire de la variété dans le génome.

Deux sexes, deux stratégies

En général, quand on parle de séduction en vue de la formation du couple, on raisonne comme si les deux sexes étaient interchangeables ; on ne réfléchit pas sur le vrai sens des mots « mâle » et « femelle » et pourtant cette propriété, qui est fondamentale, pèse lourd dans les comportements visant à trouver un partenaire et se reproduire. Voici la clef pour comprendre un tel phénomène. Les mâles produisent des spermatozoïdes, nom des « graines » mâles, et les femelles produisent des ovules ; ce sont deux gamètes bien différents, même si, au moment de la fécondation, ils se valent ; il en faut un de chaque et chacun contribue pour moitié au génome du futur embryon. Toute la différence réside dans les stratégies mises en œuvre pour que les deux gamètes se rencontrent.

Pour aller vite, disons que les mâles investissent dans la quantité, les femelles, dans la qualité. Les mâles produisent des quantités astronomiques de spermatozoïdes : des centaines de milliers par jour pour un homme, avec une production qui faiblit certes avec l'âge mais pas totalement. Le potentiel reproductif est énorme : autant de femelles fertiles qu'il peut trouver dans la journée et autant d'enfants qu'il peut engendrer, et ce dès l'âge de 14 ans jusqu'à sa mort. En contrepartie, il ne peut jamais être certain que ses gènes soient passés à la postérité, bien que, sur le lot, il y ait une forte probabilité que oui. La femelle fait tout autrement ; elle investit matériellement beaucoup plus dans la production d'un enfant. Elle produit un seul ovule par mois, uniquement pendant trente à quarante ans de sa vie, et si un ovule est fécondé par un spermatozoïde, elle aura du mal à mener une autre activité en parallèle pendant les deux derniers mois de sa grossesse (si tout se passe bien) jusqu'à trois mois après la naissance (si tout se passe bien). En contrepartie, elle est certaine que chaque enfant qu'elle produit portera ses gènes pour moitié. Il n'y a donc pas de comparaison possible entre l'investissement biologique du père et de la mère dans la production d'un enfant.

Il m'aime pour mon corps, elle m'aime pour mon argent

L'exploitation de la femme se mesure en termes de temps, d'énergie, de ressources et de suivi de carrière ; un investissement de base quasi nul pour l'homme contre un minimum de cinq mois pour la femme à chaque naissance. Ce fait biologique explique qu'on ne puisse pas parler indifféremment des hommes et des femmes dans la recherche d'un partenaire, car les enjeux ne sont pas les mêmes : les hommes ne perdent

Bonheur et
et souffrance
est un état
d'esprit

leur n'existe-
ni existe don pas
en dehors de
l'esprit

① relaxer du
eu sonprodute
tête stressé

② relaxer

③ s'hydrater

④ méditer
pour enlever
poison mental

L'exploitation des femmes : une vieille histoire

Richard Dawkins, le scientifique anglais spécialiste de l'évolution, résume assez bien la situation des deux sexes dans *Le Gène égoïste* : « Puisque chaque spermatozoïde est tellement minuscule, le mâle peut se permettre d'en produire des millions tous les jours, ce qui implique qu'il peut potentiellement engendrer un très grand nombre d'enfants dans une très courte période de temps à l'aide de femelles différentes. Cela n'est possible que parce que chaque nouvel embryon est doté d'une source adéquate de nourriture par la mère dans chaque nouveau cas et cela pendant toute la période de gestation. Naturellement il y a donc une limite sur le nombre d'enfants qu'une femelle peut produire, tandis que le nombre d'enfants qu'un mâle peut avoir est pratiquement sans limites. L'exploitation de la femelle commence ici. »

qu'un spermatozoïde s'ils font un mauvais choix et ils peuvent recommencer très vite les essais ; les femmes, elles, y laissent une part importante de leur vie et les ressources matérielles qu'il faut pour la fabrication d'un enfant.

On comprend mieux du coup que les femmes se montrent très sélectives envers les mâles, mais comment font-elles donc leurs choix ? Il y a toute une partie de l'éducation des enfants qui dépasse la période de la grossesse et l'accouchement ; ils peuvent « se rattraper » en apportant la nourriture, en fournissant un abri, en veillant à la défense du territoire et de la famille, en s'occupant de l'éveil des enfants. Pour augmenter sa désirabilité et ses chances d'être sélectionné par une femme et, ainsi, de « placer » son spermatozoïde, un homme doit donc mettre en avant ses capacités et sa volonté de contribuer aux richesses matérielles et intellectuelles de sa future famille.

Dans l'espèce humaine, ces ressources sont en grande partie matérialisées par le niveau de revenus de l'intéressé, mais également contenues dans l'ambition et le pouvoir affichés. Une étude menée sur plusieurs milliers de sujets à travers

trente-trois pays différents a ainsi confirmé une vérité qui paraî-
trait évidente à n'importe quel paysan n'importe où dans le
monde : les femmes préfèrent les hommes qui gagnent bien leur
vie. Plus exactement, les chercheurs ont montré que le niveau
des revenus, l'ambition et l'aptitude au travail étaient des critères de sélection plus importants chez les femmes que chez les
hommes.

On peut même étendre cette hypothèse à certains comportements typiquement masculins. Non contents de montrer
par des petits cadeaux et par leur générosité leur grand pouvoir d'achat, les mâles dans beaucoup d'espèces se dotent
d'appendices qui sont coûteux en termes métaboliques, mais
dont la présence signale haut et fort leur aisance. L'appendice
étant coûteux, les femelles doivent comprendre que le mâle ne
peut le porter que s'il assume très allégrement les nécessités de
tous les jours. La queue du paon est le meilleur exemple de ce
qu'on a nommé le « principe du handicap de Zahavi[27] ». Dans
le cas du mâle humain, l'équivalent le plus souvent cité est la
voiture de sport.

Les gentils sont des malins

La compétition entre mâles entraîne une surenchère dans le port
des queues de paon métaphoriques : même si elles n'ont plus
de valeur informative, celles-ci sont maintenues comme seuil
minimal pour attirer l'attention des femelles[28]. Tout homme se
doit donc d'avoir sa queue de paon, que ce soit une cave à vin
bien garnie, une collection de timbres, de disques ou de peinture
contemporaine, une bibliothèque de vieux livres ou des gadgets
électroniques de toutes sortes. La thèse du handicap est même
avancée pour expliquer la gentillesse : seul celui qui est très
adapté à son environnement pourrait se permettre de se montrer
généreux, mais on peut aussi considérer que la gentillesse est
un trait de personnalité sélectionné pour les bénéfices immédiats
qu'il apporte en termes de ressources pour la famille.

Si les hommes ne s'intéressent pas trop aux revenus de leur future femme, ils sont, en revanche, très regardants sur leurs formes physiques. La même étude a établi que dans l'ensemble des trente-trois pays concernés, les hommes recherchaient plus que les femmes la beauté chez leur partenaire. Un seul petit ovule par mois est une chose précieuse dont il faut essayer de s'assurer un approvisionnement régulier et si la fécondité chez la femme commence à 13 ans environ, elle atteint son maximum vers 25 ans puis diminue. Par conséquent, les hommes sont très sensibles aux qualités indicatrices de jeunesse comme l'agilité et l'énergie des mouvements, l'aspect lisse de la peau, des lèvres pulpeuses, le tonus musculaire et la brillance des cheveux.

Nos critères de beauté et de mode reposent d'ailleurs sur ces qualités-là ; si on veut paraître jeune, c'est pour rester dans le jeu de la reproduction, et non parce que les cheveux gris ou les rides sont jugés intrinsèquement disgracieux. Les modes vestimentaires contraignantes s'expliquent de la même façon : si on porte les talons les plus hauts possible, c'est pour montrer que, même avec des appendices aussi handicapants, on est tellement habile avec son corps (parce qu'on est si jeune et donc fertile) qu'on arrive à marcher quand même.

CHAPITRE 2

Vos forces et vos atouts
Beauté, intelligence, etc.

Qu'est-ce qui nous attire chez quelqu'un ? On ne connaît pas du tout la personne assise de l'autre côté de la pièce, et pourtant elle nous intéresse : les autres, autour, paraissent « fades » tout d'un coup, sans raison évidente. C'est souvent un regard particulier, la forme d'une bouche, un certain sens de l'humour, ou rien de tout ça, juste quelque chose dans l'air. Nous avons tous, aussi, nos « types » préférés : l'allure sportive, l'intello aux lunettes, le bon vivant, le genre chic ou le style paysan. Certains nous attirent, d'autres pas du tout... Pourquoi cela ? Cette question préoccupe très sérieusement les chercheurs, qui trouvent que nos choix n'ont rien d'innocent et ne doivent rien au hasard. La beauté, l'apparence physique, les expressions, les plaisanteries, la conversation et même les odeurs sont des messages sur la viabilité de notre corps et, donc, sur sa désirabilité pour former un couple.

DE L'INTÉRÊT D'ÊTRE BEAU

Qu'est-ce qui détermine notre esthétique du corps ? Pourquoi trouve-t-on certains corps et certains visages beaux ? D'où viennent nos critères de beauté, sinon de l'intérêt des renseignements qu'ils fournissent sur la qualité d'un partenaire potentiel ? Aurait-on appris au fil des générations à associer un aspect physique avec des avantages pour nous ou nos futurs rejetons, avantages immédiats liés à la qualité des ressources apportées, ou avantages plus lointains relatifs à la qualité des gènes transmis à l'enfant et assurant sa survie ? On a soumis cette hypothèse à l'épreuve et on a pu constater que l'appréciation des aspects physiques de nos partenaires potentiels était directement corrélée à leur valeur dans la production et l'éducation d'un enfant.

Côté femme, côté homme

On a vu que les signes physiques de jeunesse chez la femme indiquent clairement sa fécondité, et c'est pour cette raison que, pour les hommes, la quintessence de la beauté se résume à des lèvres bien rouges, des yeux et des cheveux brillants et des joues bien roses – vous aurez compris dans ce catalogue d'atouts féminins essentiels les origines de la fortune L'Oréal. Les hommes font très attention aussi à la largeur des hanches, qui est un indice de fécondité évidente, préférant un rapport de 0,7 entre la taille et les hanches, et ce dans toutes les cultures testées. Les femmes qui ne sont pas encore pubères, ou au contraire qui sont en période de postménopause, ou encore celles qui ont un taux élevé d'hormones sexuelles mâles, ou qui souffrent de maladies diverses ont toutes un rapport supérieur à 0,7 entre la taille et les hanches[29].

De la même façon, plusieurs critères de beauté masculine sont révélateurs de qualités recherchées par les femmes chez un partenaire potentiel. Ces dernières sont moins intéressées par la fertilité – un spermatozoïde, selon la loi du petit prix pour les produits de masse, est très facile à obtenir – et davantage préoccupées par les ressources apportées à la famille : grande capacité de travail, possibilité de défendre la maison et ses occupants, statut social qui commande le respect dans la société. Toutes ces qualités-là, une femme les juge en grande partie au premier abord. La santé, la force physique, l'âge et le statut hormonal d'un homme sont visibles en un coup d'œil en regardant la forme de son corps. Le principal indice révélateur est, là aussi, le rapport entre le tour de taille et le tour de hanches, qui doit être idéalement entre 0,8 et 0,9, mais le rapport entre la taille et les épaules est également valable, et doit être le plus proche possible de 0,6[30].

Symétriquement vôtre

Un corps symétrique est aussi très souvent mis en avant comme un signe extérieur de désirabilité. Les stress en tout genre, comme la malnutrition sporadique ou les infections seraient à l'origine de petites malformations dans le corps, sans incidence particulière exceptée la fabrication d'un corps très légèrement asymétrique en raison d'une répercussion sur un côté du corps dans le déroulement du programme génétique. Quelqu'un avec un corps symétrique est donc quelqu'un qui possède un génome qui lui permet de résister aux infections et de trouver en toutes circonstances de quoi se nourrir.

Aujourd'hui nous vivons dans un milieu très protégé et, si les asymétries existent, elles sont moins importantes que celles qu'on constate dans des milieux plus rudes : plus on se rapproche des conditions de vie « sauvage » et plus les asymétries sont, en effet, importantes[31, 32, 33]. Tout comme une grande partie des règles qui déterminent notre choix d'un partenaire sexuel, la symétrie a été adoptée comme indice significatif à une époque lointaine, dans notre passé de chasseurs-cueilleurs, quand ces informations étaient précieuses, voire vitales. Aujourd'hui, parce que nos gènes n'ont pas changé, le fonctionnement de notre cerveau est resté sensiblement le même, nous léguant nombre de mécanismes plus adaptés à des conditions de vie antérieures. Nous recherchons donc toujours la symétrie, même si les différences entre individus sont moindres...

Le pouvoir des phéromones

Derrière la façade, belle ou moins belle, on trouve encore d'autres secrets de nature à accroître le potentiel érotique et sexuel de quelqu'un. C'est le cas en particulier des phéromones. D'une certaine façon, on peut dire que tout ce qui concerne la vie en société pour beaucoup d'espèces animales est régulé par des phéromones. Celles-ci servent, en effet, à afficher la disponibilité sexuelle d'un individu, ou sa place dans la hiérarchie sociale ; elles délimitent le territoire de chacun ; elles racontent les peurs et dirigent les pas. De la même manière que les hormones sont libérées dans le corps pour faire communiquer différents organes entre eux, les phéromones, qu'on trouve dans les urines, la transpiration, les selles ou sur la peau, sont libérées dans l'espace extra-corporel pour faire communiquer entre eux les individus d'une société donnée.

On sait aujourd'hui que, chez les poissons, les insectes, les rongeurs et même certains mammifères, ce sont les phéromones qui dirigent les relations jusque dans les détails les plus intimes. Mais, chez les hommes, me direz-vous, les relations échappent à ces influences bêtement dirigistes, non ? En partie, mais en partie seulement, car les instincts, les pressentiments, les affinités-et-plus s'apparentent à des effets phéromonaux. Pourquoi, par exemple, sommes-nous attirés par certaines personnes du sexe opposé (très souvent, il s'agit d'un même type pour une personne donnée) et pas par d'autres ? Qu'est-ce qui nous donne envie de nous confier à la voisine de droite mais jamais à celle de gauche ? Pour quelle raison ne parlons-nous librement entre femmes que quand on se réunit sans hommes ? Et qu'est-ce qui emporte les foules et les entraîne dans des comportements où aucun individu ne s'aventurerait tout seul ? On ne peut d'ailleurs qu'être frappé par certaines similitudes entre les effets décrits et bien documentés, attribuables aux phéromones chez les animaux, et d'autres effets semblables chez l'homme.

L'effet Lee-Boot (1955)

On a observé que le fait de mettre en groupe plusieurs souris femelles dans la même cage entraînait la suppression ou la modification de leur cycle reproductif (œstral). De la même façon, la synchronisation du cycle reproductif chez des filles pensionnaires ou chez des femmes collègues partageant le même lieu de travail est reconnue depuis longtemps et fait l'objet d'études depuis au moins 1970. C'est d'ailleurs la reproduction expérimentale en 1998 de cet effet avec des extraits axillaires de femmes qui a fourni la première preuve de l'existence de phéromones humaines[34].

L'effet Vandenbergh (1969)[35]

On a observé que le déclenchement de la puberté chez de jeunes souris femelles pouvait être avancé par la présence des urines d'une vieille souris mâle. Dans l'espèce humaine, l'âge de la puberté ne cesse d'avancer chez les jeunes filles, et on met souvent ce fait sur le compte d'une meilleure alimentation, mais l'absence des mères au foyer (elles travaillent beaucoup à l'extérieur) pourrait également augmenter la proportion de l'influence « mâle » à la maison, laquelle provoquerait, comme dans l'effet Vandenbergh sur la souris, l'avancement du déclenchement de la puberté.

A priori, il ne paraît pas possible d'exclure l'existence d'une interaction phéromonale entre hommes ou plutôt, dans les deux cas précis, entre hommes et femmes ou entre femmes. On constate d'ailleurs chez le fœtus humain la présence de l'organe nécessaire à la reconnaissance des phéromones et sa forme est identique à celle observée chez les animaux ; à l'âge adulte, en revanche, cet organe n'est plus qu'un vestige ayant perdu sa fonction[36]. Aujourd'hui, les chercheurs s'accordent pour reconnaître que la communication chimique existe chez l'homme, mais les avis restent néanmoins très partagés sur l'existence à l'âge adulte d'un système phéromonal fonctionnel indépendant du système olfactif.

Contrairement à une idée reçue, les phéromones n'ont rien à voir avec les parfums ; elles agissent de manière totalement indépendante des odeurs et, d'ailleurs, sont généralement inodores. Chez les animaux, l'organe responsable de leur reconnaissance n'est pas le même. Dans le cas des odeurs, il s'agit de l'épithélium olfactif, tandis que, pour les phéromones, il existe une structure spécialisée, l'organe voméronasal (ou OVN). À la différence de l'épithélium olfactif, l'organe voméronasal n'est même pas en contact avec les molécules odorantes transportées dans l'air et, pour l'atteindre, les phéromones doivent emprunter un fin canal rempli de fluides qui débouche sur la base de la cavité nasale.

Le fait de « ne pas pouvoir sentir » quelqu'un serait donc une chose, et de « ne pas le blairer » une autre. Les systèmes olfactif et phéromonal se distinguent d'ailleurs par le type de récepteurs membranaires qui reconnaissent les molécules messagères. Les récepteurs olfactifs sont codés par environ 1 000 gènes (dont un peu moins de 500 sont fonctionnels), et ils appartiennent tous à une même famille. En revanche, il existe deux familles de récepteurs phéromonaux : l'une (V1R) est codée par environ 40 gènes, sans homologie avec d'autres types de récepteurs ; l'autre (V2R) est codée par environ 100 gènes. L'existence de deux familles de récepteurs pourrait être liée au fait que les phéromones sont grossièrement

Un sourire ou un baiser...

Pour permettre la mise en contact des phéromones ambiantes avec leurs récepteurs, il faut faire un geste, décrit chez les animaux par le terme de « *flehmen* », une sorte de grimace produite en tirant sur les lèvres : les phéromones, captées dans le fluide des mucosités, entrent alors dans le sac voméronasal grâce à l'association d'une action capillaire et une action de pompe créée par la contraction des vaisseaux sanguins. Il n'est donc pas exclu que notre sourire fournisse le mouvement adéquat pour nous permettre de mieux flairer autrui. Mais d'autres vont plus loin. Les phéromones seraient libérées dans notre corps principalement par le sébum, dont la sécrétion augmente au moment de la puberté pour ensuite diminuer au moment de la ménopause. Comme la plupart des glandes qui sécrètent du sébum se trouvent au niveau du cuir chevelu, de la face, du cou et de la lèvre supérieure, il est possible que le baiser soit impliqué dans l'échange de messages phéromonaux[37, 38]. On sait que la salive contient des protéines qui lient des phéromones dans d'autres espèces, ce qui expliquerait que le baiser soit un véritable forage de l'autre cherchant à atteindre ses gisements affectifs[39].

réparties en deux groupes : d'une part, des petites molécules volatiles et insolubles et, d'autre part, des protéines[40]. On a aussi suggéré que l'existence de ces deux grandes familles pourrait correspondre au contrôle des deux types majeurs d'interactions qu'elles dirigent : l'agressivité entre mâles et l'attraction entre les deux sexes.

Dernier argument en faveur de rôles distincts et indépendants : les messages de chaque organe récepteur ne sont pas relayés aux mêmes endroits du cerveau et il y a une différentiation totale entre les voies suivies par les neurones phéromonaux et les neurones olfactifs. Les neurones partant de l'organe voméronasal ont pour destination les zones hypothalamiques qui sont impliquées dans les fonctions hormonales et reproductives : cela veut dire que les phéromones produisent des signaux dans les structures du cerveau qui contrôlent les comportements sexuels et reproductifs ainsi que l'équilibre hormonal ; les neurones partant de l'épithélium olfactif se projettent, eux, sur le cortex cérébral après un relais dans le bulbe olfactif, sorte d'antenne qui pointe à l'avant du cerveau au-dessus des narines.

Tout ça pour ça ?

Paraît-il crédible qu'un système aussi élaboré que le système voméronasal, avec organe, récepteurs et voies neuronales spécifiques, et chargé d'accomplir une fonction unique et irremplaçable, ait totalement disparu chez l'homme ? Les scientifiques se disputent sur la question, pour ou contre : les uns décrivent une structure, d'autres ne trouvent pas l'organe, d'autres prouvent un effet phéromonal chez l'homme, d'autres encore soupèsent les « preuves » et les trouvent bien légères. Dans l'ensemble, les données s'accumulent pour montrer qu'il existe une communication chimique entre humains, avec des effets sur le comportement et sur le corps. Reste que ces messagers pourraient ne pas passer par un organe voméronasal spécialisé, mais être reconnus par certains récepteurs du système olfactif...

Naturellement, les chercheurs se sont intéressés plus particulièrement aux rapports existant entre les phéromones et le pouvoir de séduction. Existerait-il une phéromone qui nous rendrait irrésistible à l'autre ? Certains récits prêtent à sourire, comme celui des trente-huit hommes qui, grâce à l'utilisation d'une phéromone mâle synthétique (et oui, il en existe déjà dans le commerce !), ont vu augmenter le nombre de leurs rapports sexuels avec des femmes, mais sans que soit affecté le nombre de leurs masturbations jusqu'à éjaculation... Un tel résultat prouverait que l'effet phéromonal est à chercher du côté de l'interaction, et pas simplement de la libido[41], les phéromones mâles humaines modifiant l'attirance éprouvée par les femmes pour les hommes. L'inverse est apparemment vrai aussi puisque, dans une autre étude, l'androsténol, phéromone contenue dans la transpiration, agissait sur les femmes en provoquant davantage d'échanges avec les hommes[42]...

D'autres expériences ne permettent pas de différencier les effets des odeurs et les effets des phéromones, mais de toute évidence un messager chimique contenu dans la transpiration permettrait aux femmes d'être très sélectives dans le choix des hommes en les conduisant notamment à choisir des partenaires symétriques.

Symétriquement vôtre (suite)

Dans le monde animal, la symétrie est souvent corrélée à la vitesse de croissance, la longévité, la fertilité et l'état général de santé. L'étude approfondie de 42 espèces a également permis d'établir que plus la symétrie d'un individu était parfaite et plus était grand le succès reproductif rencontré ou (sous-entendu : à cause de) l'attirance exercée sur le sexe opposé. Apparemment, l'être humain n'échappe pas à cette règle. Chez les hommes et les femmes, une plus parfaite symétrie serait associée à une meilleure santé physique et mentale, une meilleure performance cognitive et un plus grand QI. Les hommes symétriques seraient plus musclés, plus vigoureux et plus grands que les hommes asymétriques, et ils auraient plus de succès auprès des femmes. Nous savons en outre, grâce à une autre étude, que les femmes, au moment de l'ovulation, c'est-à-dire au moment où elles ont le plus de chances de concevoir un enfant, préfèrent des hommes symétriques, et elles les reconnaîtraient non pas par une constatation visuelle, mais grâce aux substances contenues dans leur transpiration[43, 44].

L'avenir nous dira si ces messages passent bien par un organe voméronasal vestigial ou s'il s'agit en vérité de messages peu odorants mais transmis par l'épithélium olfactif.

En attendant, les phéromones fournissent une explication plausible à toutes ces rencontres fulgurantes et inattendues, où quelqu'un devient tout à coup extrêmement attirant, sans qu'on sache rien de lui et sans qu'il ait de signe notable particulier. Les phéromones n'ont pas d'odeur, mais elles agissent à travers une pièce, elles stimulent directement le cerveau des actes instinctifs pour provoquer un comportement reproductif. Le charme, aussi, pourrait bien être une affaire de phéromones. Sinon, comment expliquer l'énorme pouvoir de séduction que peuvent exercer certaines personnes qui n'ont ni un corps bien proportionné ni un beau visage ?

Le visage des émotions

Enfin, me direz-vous, on arrive à l'essentiel ! Quand on raconte une nouvelle rencontre, la première chose qu'on décrit est le visage, beaucoup plus volontiers en tout cas que l'asymétrie corporelle ou l'odeur du système immunitaire et, au contraire de ces deux derniers paramètres, on est conscient d'être attiré par certains visages. Déjà, on dit que les yeux sont des fenêtres ouvertes sur l'âme, et on connaît l'importance du contact visuel dans l'établissement d'une complicité. Plus on regarde l'autre dans les yeux, plus on accentue ses réactions affectives[45]. C'est aussi un moyen de forcer une réaction affective qui nous permettra une lecture de l'émotion de l'autre.

Un visage n'est pas un assemblage figé de structures sensorielles ; il s'anime, tout particulièrement pour relayer un état émotionnel intérieur. Les émotions sont universelles, et leurs manifestations ont été décrites d'abord par Darwin, puis par Eckman. On sait que leur expression extérieure est si intimement liée à ce qu'on ressent « à l'intérieur » que, même si on demande à quelqu'un de reproduire artificiellement les mimiques qui caractérisent une émotion, il va ressentir la tristesse, la joie, l'étonnement, le dégoût ou l'espoir qu'il imite grâce à la décharge corporelle induite par ses propres mimiques[46]. Voilà donc un mode de scrutin pour choisir entre des prétendants : regarder la réaction de l'autre pendant une histoire, un reportage, la remise d'un cadeau, la présentation d'une personne, un film, un imprévu ou tout autre stimulus – y compris notre propre regard très appuyé – et voir si on adhère ou non à ce qu'on lit sur son visage. Si les traits physiques d'un visage peuvent nous attirer, la beauté s'explique probablement en grande partie par la sympathie que l'on ressent pour quelqu'un lors d'une émotion partagée.

Concernant la forme du visage, celle des hommes diffère notablement de celle des femmes, et on n'attend pas les mêmes renseignements des deux. Un visage d'homme est façonné par l'action de la testostérone, l'hormone sexuelle mâle qui produit des pommettes saillantes et un bas de visage un peu allongé[47] (oui, on pense tout de suite à Arnold Schwarzeneger ou Sylvester Stallone !). L'existence de ces caractères signalerait donc un niveau de testostérone élevé pendant l'adolescence. Or il se trouve qu'un niveau élevé de testostérone compromet le système immunitaire ; par conséquent, un « beau » visage typiquement masculin est un handicap biologique pour le mâle, comme la queue du paon qui, on l'a vu, indique *in fine* combien le sujet doit avoir de gènes de bonne qualité pour lui permettre de survivre malgré ce taux fragilisant d'hormone[48, 49]. En général, les femmes trouvent beau ce type de visage, mais elles l'associent à la dominance et l'autorité, et elles retiennent aussi comme attirants des visages d'homme à caractères plus féminins.

Aux yeux des femmes...

Aux yeux des femmes, quatre signaux semblent optimiser la désirabilité d'un homme lorsqu'ils sont réunis : les pommettes saillantes et le menton accentué pour l'autorité et la maturité qu'ils annoncent mais aussi, peut-être pour atténuer cet effet trop « masculin », de grands yeux (caractère féminin) pour la sympathie qui leur est associée, un sourire avenant pour la sociabilité et des vêtements de prix pour les soins corporels[50].

Pour en revenir à la différence des visages hommes/femmes, quand on manipule des images de synthèse pour les rendre plus ou moins masculines ou féminines afin de déterminer le genre de trait qui est jugé le plus attirant, on se rend compte que la préférence va, pour les visages masculins, à ceux qui s'approchent de la moyenne, loin des caractères trop typés[51], ce qui pourrait expliquer en partie que la symétrie soit tant appréciée dans les visages à cause de son effet d'homogénéisation[52] ; pour les visages de femmes, en revanche, ceux qui remportent le plus de succès sont ceux dont on a exagéré les caractères féminins[53]. Ainsi, la féminité primerait chez les femmes, alors que, pour mieux plaire, il faut que les signes de masculinité soient un peu modérés dans les visages d'hommes.

Narcisse, vous avez dit Narcisse...

On a évoqué l'importance de la ressemblance en tant que signal attractif chez un éventuel partenaire. Le visage n'échappe pas à la règle : il est en quelque sorte la page publicitaire du corps, offrant plusieurs indices possibles dans la forme des yeux, des oreilles, de la bouche, du nez, du front et du visage lui-même. Comme nous avons l'habitude de regarder notre propre visage dans la glace, nous repérons tout de suite des similitudes entre le visage qui nous fait face et le nôtre, et nous les trouvons rassurantes : nous faisons, en effet, plus volontiers confiance à quelqu'un qui nous ressemble physiquement[54].

Sommes-nous assez superficiels pour juger quelqu'un sur la seule forme de son visage ? *A priori*, cela paraît tellement impensable qu'on se dit que la forme du visage doit contenir un message codé sur des choses plus importantes. Pour certains, les traits de caractère se liraient aussi dans la physionomie et, si on se reconnaît dans la belle figure en face, c'est tout simplement parce qu'on y voit une âme sœur et des traits physiques qui définissent des traits d'humeur. Rechercherait-on alors les mêmes traits de personnalité chez un futur partenaire que ceux qu'on s'attribue à soi-même ? Les résultats semblent l'indiquer, en tout cas, car les couples se ressemblent aussi sur le plan du caractère[55, 3].

Au jeu du « à chaque forme de visage, son caractère », on a constaté qu'un visage long et angulaire appartenait plus souvent à quelqu'un d'ouvert, authentique, extraverti, alors que les visages courts et carrés indiquaient des personnalités réservées, conservatrices et calculatrices[56]. En général, il existe des traits intermédiaires entre ces deux extrêmes. Il est également possible qu'on reconnaisse bien d'autres traits de caractère dans des indices très peu marqués. Ceux qui affirment que leur première impression de quelqu'un est toujours la bonne sont peut-être particulièrement doués dans cette lecture physionomique.

LE CHOIX DE L'INTELLIGENCE

Si la beauté est considérée comme une qualité très importante par les hommes et les ressources (revenus) comme un atout essentiel par les femmes, les deux sexes sont d'accord pour dire que leur partenaire doit aussi être intelligent[57]. De fait, les couples se ressemblent également par leur niveau de QI et cette ressemblance existe, comme dans les autres domaines, dès le départ dans la vie à deux[8].

Comment se décèle donc l'intelligence ? On a vu que les attributs physiques sont révélateurs de traits de personnalité, ce qui peut déjà contribuer à notre appréciation de l'intelligence. Il existe, en particulier, un trait de personnalité qu'on qualifie de « chercheur de sensation » et qui caractérise des personnes toujours en activité et en quête d'excitation, et les couples mariés se ressemblent pour ce trait de personnalité[58]. En outre, si les attributs du système immunitaire se décèlent par une odeur caractéristique, ne peut-on imaginer que l'intelligence se révèle de la même façon ?

L'hypothèse n'est pas aussi farfelue qu'on pourrait le penser, car il existe beaucoup de « marqueurs moléculaires » en rapport avec le niveau d'intelligence : enzymes dans le cerveau responsables de la fabrication des neurotransmetteurs[59] ; enzymes qui métabolisent des vitamines[60] ; hormone de croissance ; testostérone[61] ; taux de certains microaliments (vitamines) circulant dans le sang[62], etc.

Tout est dans tout... et réciproquement

Une corrélation a été établie entre certains tests d'intelligence et un faible taux de cholestérol dans le sang. Les chercheurs ne savent pas encore si les lipides sanguins affectent l'intelligence ou si la corrélation résulte de ce que les gens intelligents consomment moins d'aliments riches en cholestérol[63]. Il n'empêche : certaines substances dans le corps semblent servir d'indicateurs signalant les performances du cerveau.

Aujourd'hui, les couples se choisissent dans leur milieu professionnel, ou pendant leurs études, ce qui augmente leurs chances d'avoir une éducation et une formation professionnelle semblables. Rien que ces paramètres pourraient justifier une grande partie des ressemblances intellectuelles dans un couple, mais le moyen le plus sûr et le plus utilisé pour déterminer notre compatibilité intellectuelle avec un prétendant est sans doute de lier conversation. Pour le psychologue américain Geoffrey Miller, l'intelligence est une arme redoutable dans l'adaptabilité de tout individu à un environnement changeant, et c'est en tant que telle qu'elle a dû être sélectionnée par l'évolution. Néanmoins, certaines fonctions liées à l'intelligence ont pu être « détournées » de leur fonction de survie pour jouer un rôle dans la séduction. Tout ce qui rend un partenaire plus désirable serait sélectionné par l'évolution pour peu que cela ne nuise pas

à la survie et certains comportements humains existeraient donc
parce qu'ils servent à faire de la publicité pour le niveau d'intelligence de l'individu qui les pratique, le rendant ainsi plus
désirable. Parmi les comportements concernés figureraient
l'humour, la conversation et les manifestations artistiques[64].

Le talent artistique : un atout masculin ?

La production artistique et littéraire a souvent été mise en
avant pour affirmer l'intelligence supérieure de l'homme.
L'intelligence est une qualité qui par elle-même doit augmenter les chances de survie d'un individu, en le dotant de pou-
voirs de réaction adaptables à toute situation nouvelle, mais
cette qualité est aussi utile à la femme qu'à l'homme. Tous les
tests d'intelligence et les résultats scolaires montrent d'ailleurs
qu'il en est ainsi : les femmes sont au moins aussi intelligentes
que les hommes. Alors pourquoi sont-elles moins souvent que
les hommes à l'origine de productions artistiques ? Existe-t-il,
en plus des facteurs historiques et culturels, des facteurs biologiques pouvant expliquer en partie cette disparité ?

La production artistique étant une façon de signaler
l'intelligence, elle est faite pour augmenter les chances d'un
individu d'être choisi par un partenaire. Comme les femmes
fournissent déjà une entité rare – l'ovule – et des moyens matériels pour faire aboutir la grossesse, on peut penser qu'elles
sont en position de force : pour être sélectionnées, elles
doivent simplement démontrer la réalité de leur pouvoir reproductif par des signes de fécondité (la jeunesse, par exemple).
En revanche, les hommes ont une offre qui n'est pas du tout
rare, puisqu'ils produisent de façon continue et abondante des
spermatozoïdes, et cela les obligerait à multiplier les efforts
pour se faire remarquer de la femme désirée. L'intelligence est
utile aux femmes autant qu'aux hommes pour l'adaptation à
leur milieu et pour affronter les défis de la vie de tous les
jours. En revanche, toutes les manifestations d'intelligence que

l'on regroupe sous le terme de « culture » (musique, littérature, philosophie, etc.) n'auraient pas de rôle adaptatif, mais simplement un rôle signalétique pour l'intelligence : la production culturelle serait une « queue de paon intellectuelle ».

Une vision machiste de la culture ?

Selon Geoffrey Miller, « la théorie de la sélection sexuelle prédirait un dimorphisme sexuel dans les manifestations comportementales publiques de l'intelligence, parce que les bénéfices reproductifs de telles manifestations seraient toujours plus importants pour les mâles que pour les femelles ». Les données démographiques sur la production de manifestations coûteuses, difficiles et publiques de l'intelligence, comme la peinture, l'écriture, la production de musique et la publication de spéculations philosophiques révèlent un dimorphisme très fort : les mâles en produisent à peu près dix fois plus que les femelles, avec un pic pour le taux de manifestations masculines pendant les premières années de leur maturité sexuelle, ce qui correspond au moment fort des tentatives d'accouplement[64]. Vus sous cet angle, tous les signes extérieurs d'intelligence qui composent la culture humaine seraient ainsi une adaptation pour favoriser l'accouplement.

L'art de la conversation

La conversation est probablement l'outil le plus employé pour mettre en valeur son intelligence. On a pu faire l'analogie entre la conversation humaine et d'autres signaux acoustiques utilisés pendant la période de séduction comme le chant des oiseaux, le chant des baleines ou le coassement des grenouilles. Dans la conversation, on évalue certaines compétences de l'autre : maniement des mots, écoute, compréhension des plaisanteries ou des taquineries, raisonnement, échange des points de vue... Converser, c'est réfléchir à haute voix et raisonner à plusieurs.

Le badinage amoureux

Les joutes verbales entre amoureux sont parfois si complexes que le mathématicien anglais Alan Turing, le génial père fondateur de l'informatique, les avait incluses en 1950 dans son fameux test de l'intelligence artificielle : un ordinateur devait reproduire le côté féminin d'une conversation amoureuse et l'observateur (un homme) faire la différence entre l'ordinateur et une vraie conversation de femme. Pour Turing, si la machine arrivait à passer pour une femme et à tromper l'observateur, alors les preuves d'une intelligence artificielle seraient faites !

De nos jours, les études scientifiques s'accordent pour dire que l'intelligence révélée par la conversation se manifeste surtout dans l'étonnement qu'on arrive à provoquer chez l'autre. Quand cet étonnement ne se produit pas, on dit de quelqu'un que sa conversation est ennuyeuse – condamnation sévère. Si chacun, pour étonner l'autre, utilise ses connaissances, sa capacité à conceptualiser, ses informations exclusives, ses talents poétiques ou même la plus vile flatterie, le « must » en matière de conversation reste néanmoins l'enchaînement d'une série de réflexions humoristiques.

Le sens de l'humour

Le sens de l'humour mérite en effet une mention à part. De nombreuses études ont montré sans équivoque que ceux qui ont un grand sens de l'humour ont en même temps les meilleurs scores d'intelligence. La construction d'entités humoristiques, tout comme leur compréhension, requiert la réunion de plusieurs types de capacités cognitives, et la démonstration de ces qualités est donc riche de renseignements. Néanmoins, ce qui met l'humour vraiment à part, c'est que faire sourire ou rire dissipe le stress. Montrer son sens de l'humour est donc, comme toute forme de conversation, un moyen de prouver son intelligence, mais cette forme particulière d'interaction avec l'autre est aussi la promesse d'autres atouts dans une éventuelle vie commune.

Partager un même sens de l'humour implique qu'on partage une façon de décoder le monde et un point de vue sur ce qui est acceptable et ce qui ne l'est pas. On a montré expérimentalement que ceux qui partagent une même histoire, en particulier des frères et des sœurs, rient de la même chose. Quand on rencontre quelqu'un avec qui on peut rire de bon cœur sur toutes sortes de choses, il y a donc de fortes chances pour qu'on partage avec lui des avis et des attitudes, ce qui augmente considérablement nos chances de vie commune harmonieuse. Plus largement, rire avec d'autres personnes est une manière de s'intégrer dans une société et on estime d'ailleurs que le rire partagé est un signe d'empathie entre participants[65]. Enfin, le rire a une vertu thérapeutique : en riant, on stimule le système immunitaire jusqu'à 12 heures après l'épisode de rire[66], on améliore son humeur[67, 68], même avec un rire forcé[69], et on chasse le stress[70] avec des effets francs et mesurables sur les taux circulants d'hormones liées au stress (cortisol, adrénaline). On a même fait du rire un agent protecteur contre les maladies cardio-vasculaires[71], contre la douleur[72] et contre le cancer[73].

La vie est belle

On comprend que le sens de l'humour soit un atout précieux : si toutes les qualités intellectuelles que l'on manifeste peuvent apporter des bénéfices à la famille en améliorant le système de défense ou le niveau de revenus. L'humour seul possède la possibilité d'agir directement sur le système neuroendocrinien de l'autre pour atténuer les mauvais effets des imprévus de l'existence. La vie sera forcément plus belle auprès de quelqu'un qui nous fait rire et qui rit avec nous.

Dans la naissance de l'amour, le sens de l'humour est assurément un atout qui en vaut beaucoup d'autres. Non seulement il signale une intelligence supérieure et rend l'autre tout de suite désirable, mais il produit, à chaque fois qu'il s'exprime, un état de bien-être physique et réduit le niveau des hormones du stress : on franchit une grande étape dans l'établissement d'un lien quand quelqu'un sait nous fait rire.

À QUI, À QUOI SE FIER ?

Avec tous ces signaux pour nous indiquer le meilleur partenaire possible, on serait tenté de croire que le coup de foudre nous garantit une compatibilité durable. Et pourtant... le taux de divorce dans nos sociétés où l'on se marie principalement par amour est là pour contredire notre optimisme. Les informations émises et reçues, consciemment ou pas, ne seraient-elles pas fiables ? Peut-on vraiment faire confiance au coup de foudre comme indicateur d'un bon partenaire ? Autrement dit, c'est peut-être lui ou elle, mais est-ce le bon choix ?

Parmi tous les signaux auxquels nous sommes sensibles, il semble qu'il faille d'abord faire confiance à ceux qui sont perçus inconsciemment, c'est-à-dire aux signaux chimiques passant soit par le système olfactif pour les gènes du système immunitaire, soit par le système phéromonal pour la symétrie du corps et du visage. Ces signaux atteignent directement les parties du cerveau qui sont « programmées » pour les interpréter en fonction de données dont nous ne sommes pas conscients (ainsi notre patrimoine génétique de marqueurs HLA). Ces données brutes ne sont pas modifiables par nos souvenirs, l'avis de notre meilleur ami, les commentaires de notre cousine ou d'autres influences conscientes. Elles passent directement de corps à corps. En revanche, les informations « conscientes » peuvent être plus ou moins biaisées par le fait que leur seule raison d'être est d'augmenter le pouvoir de séduction de l'autre...

L'explication de cette bizarrerie nous est aujourd'hui fournie par la biologie théorique de la sélection naturelle qui a connu un nouvel essor pendant ces deux dernières décennies, notamment en ce qui concerne les caractères de sélection sexuelle. En effet, au cours de l'évolution, les caractères qui favorisent la survie ont été retenus au cours d'un processus qui a été baptisé *survival of the fittest* ou « survie du mieux adapté ». Cette règle paraît immuable, mais quand la reproduction se fait de manière sexuelle, comme c'est le cas chez l'être humain, certains caractères qui ne font rien pour le corps peuvent néanmoins être maintenus s'ils favorisent non pas la survie, mais la sélection par un partenaire (un processus qu'on appelle « sélection sexuelle »). Tout caractère qui attire l'attention d'un membre de l'autre sexe et confère ainsi un avantage sur les autres dans le jeu de la sélection amoureuse peut donc passer de génération en génération sans avoir la moindre incidence en matière de ressources apportées au partenaire ou de survie des enfants. Il y a une sorte d'« emballement » des processus de sélection pour un « caractère de frime » parce qu'il offre simplement plus de possibilités d'accouplement.

La grande question reste : comment se fait-il que l'on puisse « se faire avoir » alors qu'on dispose d'un ensemble complexe de mécanismes mis au point pour assurer un bon choix du partenaire. Pourquoi ne reconnaît-on pas immédiatement le faux indice ? Mais parce que nous ne sommes pas des robots et que le corps humain est compliqué ! Nous avons des petites différences génétiques et des histoires personnelles qui nous rendent vulnérables à certains stimuli : untel sera ébloui par de longs cheveux blonds parce qu'il les associe à sa mère, une femme s'arrêtera devant un pull rouge parce qu'elle a des récepteurs de couleur abondants et sensibles ou bien sera particulièrement sensible à un composant de la transpiration masculine à cause de la surproduction d'un de ses récepteurs olfactifs. Il se peut aussi qu'on fasse des ajustements compen-

Les dangers de la frime

Mieux vaut, si on en croit la biologie, se méfier des traits de frime dans la recherche d'un partenaire valable pour notre survie et la survie de nos enfants. Toutefois, chez l'homme, certains de ces traits sont directement liés à ses ressources et il ne faut pas jeter le bébé avec l'eau du bain : le yacht en Méditerranée, le chalet à Saint-Moritz, le dîner chez Maxim's et les rivières de diamants peuvent être considérés comme des traits valables, surtout s'il y a ce qu'on appelle, en biologie théorique, « une multiplicité de traits indicateurs » qui se recoupent. En revanche, d'autres traits de frime sont apparemment en roue libre : les collections de timbres, les discours sur la Grèce antique, les muscles surgonflés ou les excentricités vestimentaires, par exemple. Ils ne sont pas fiables…

satoires : connaissant ses propres forces et faiblesses, on peut accepter un caractère faible chez l'autre si on sait qu'on a, soi, la capacité de le compenser.

Les hormones sexuelles, aussi, renforcent l'importance de certains traits, et nous avons vu, par exemple, que les femmes reconnaissaient mieux les odeurs masculines au moment de l'ovulation. On peut donc être particulièrement réceptif à certains stimuli à un moment, alors qu'à d'autres on les remarquerait beaucoup moins ; cela expliquerait qu'on puisse rencontrer une personne plus d'une fois avant de ressentir pour elle une attraction. Mentionnons également le fait que les traits s'associent plus ou moins harmonieusement : l'existence d'un caractère pèse ainsi sur la valeur d'un autre et un homme égoïste sera perçu comme indésirable, quel que soit le degré de dominance qu'il affiche, alors que, chez un homme sociable, un certain degré de dominance augmentera considérablement sa désirabilité [74].

Autre exemple : nous savons tous que la beauté physique, indicatrice de la résistance aux maladies, aux parasites et de l'absence de gènes défectueux, pèse moins lourd dans notre jugement si la personne en question est très drôle ou très gentille. Enfin, la manière dont nous recevons et analysons les signaux de partenaires potentiels semble indiquer que le bavardage social influe sur le conditionnement de notre réceptivité : en discutant des qualités diverses du sexe opposé avec des amis ou des personnes de sa famille, on se forme une idée sur l'association entre certains traits et certaines qualités reproductrices, et on reproduirait dans certains cas les erreurs de jugement de ceux qui nous entourent[29].

L'amour sous surveillance

Beaucoup d'éléments interviennent pour que les informations ambiantes stimulent suffisamment notre cerveau et que la personne en face de nous devienne l'objet de notre désir. Le conditionnement est essentiel dans notre degré de réceptivité : il y a les hormones sexuelles, mais également la société qui nous attribue un rôle et notre éducation avec la culture comme étendard de l'intelligence. Notre état affectif, aussi, est primordial ; si on est déjà amoureux, on aura un seuil de réception aux messages d'autrui beaucoup plus élevé que si on est libre de tout lien amoureux ; au sortir d'une histoire amoureuse, en revanche, on traverse généralement une période de latence avant de redevenir réceptif aux messages de nouveaux prétendants.

Une fois intégrés tous les éléments d'information, l'interaction entre les indices se produit, et si les récepteurs de tous les messages concordent pour permettre d'atteindre le seuil d'excitation nécessaire, il se produit un déclic, et une attirance vient bouleverser les projets de vie. D'une certaine façon, le coup de foudre est un grand moment de compassion entre deux individus, un instant de reconnaissance réciproque avec un regard de compréhension : chacun sait, et chacun sait que l'autre sait aussi. Voilà qui me permet d'emprunter les propos de Jean-Didier Vincent pour qui la compassion est cette

« capacité unique de l'homme [...] de ne pas seulement être capable d'imiter les actions d'autrui, de ressentir ses émois en se mettant à sa place (empathie) ou de partager de façon symétrique ses émotions (sympathie) – ce que l'animal peut faire –, mais aussi de comprendre ce que cet autre éprouve dans sa psyché en se faisant juge ou complice de ses buts et en ne séparant pas, dans le courant qui se crée entre eux, raisons et sentiments[75] ». La formation d'un couple sexuel semble, d'après cette définition, fournir l'exemple parfait de la compassion entre deux êtres.

Le grand « but » biologique de notre vie est la reproduction, et il faut être deux pour y arriver. Le cerveau est fait pour trouver de la complicité avec un autre, et les messages sont multiples pour y arriver. Non seulement le coup de foudre existe, mais il est programmé dans nos cerveaux et il enclenche une série de modifications neuronales qui bousculent nos comportements ultérieurs et qui forment l'amour.

Deuxième partie

LE CERVEAU AMOUREUX

« Aujourd'hui la seule consolation que je puisse trouver à mes fautes est de me bercer de l'illusion qu'une force supérieure m'a ravi à moi-même et à la raison. »

STENDHAL, *De l'Amour.*

CHAPITRE 3

C'est un beau roman,
c'est une belle histoire...

Soudain, tout bascule ! Les signaux adéquats sont là, notre cerveau les a accommodés à sa sauce personnelle, l'« opération amour » est déclenchée. Il n'y a pas de règle universelle concernant le temps nécessaire entre la première rencontre et le moment où l'on tombe amoureux, mais on peut faire certaines observations.

À VOS MARQUES... PRÊT ? PARTEZ !

Pour certains, un vrai coup de foudre se décide dès l'instant où les regards se croisent : on ressent un choc de reconnaissance, inattendu et euphorisant, on entre dans l'aire d'influence de l'autre et on succombe. L'existence de ce phénomène, qui n'est certes pas vécu par tout le monde mais par un nombre suffisant de personnes pour qu'on le prenne au sérieux, est un des comportements humains qui ressemblent le plus à un phénomène d'origine phéromonale. Tous les éléments sont réunis : on ne connaît rien de l'autre, on ne peut donc pas évoquer une attirance d'ordre intellectuel et l'immédiateté semble traduire l'existence d'un messager chimique. Le résultat émotionnel est rapide et très fort, correspondant à ce que l'on sait de l'influence des phéromones sur les voies nerveuses qui atteignent directement les zones du cerveau responsables du comportement sexuel et des émotions. Même si le système voméronasal ne semble pas fonctionnel chez l'homme, gageons qu'il existe des messagers chimiques semblables aux phéromones qui sont reconnus par le système olfactif. C'est sûrement ce mécanisme qui explique la légende selon laquelle, pour chacun d'entre nous, quelqu'un nous attend quelque part ; en fait, ce sont seulement ses phéromones qui nous attendent.

J'étais à toi...

« J'étais à toi peut-être avant de t'avoir vu.
Ma vie, en se formant, fut promise à la tienne ;
Ton nom m'en avertit par un trouble imprévu
Ton âme s'y cachait pour éveiller la mienne. »

Marceline Desbordes-Valmore, *Élégies*[76].

Statistiquement, disons-le franchement, le coup de foudre quasi instantané est relativement rare, et on tombe plus souvent amoureux après un certain laps de temps consacré à « faire connaissance ». Dans ce cas de figure, on évoque alors plutôt l'influence de facteurs « cognitifs » : l'intelligence, le sens de l'humour, la connaissance du train de vie et des goûts de l'autre, ses traits de personnalité enfin... Il n'y a pas de règle écrite mais, logiquement, le temps nécessaire pour faire le tour de la question ne doit pas dépasser un mois, et si la magie ne prend pas au cours de ces premières semaines, elle n'apparaîtra pas par la suite. À la fin d'un mois, notre cerveau est en effet en possession de toutes les informations nécessaires pour déclencher le processus ; il n'y en aura plus d'autres.

L'amour est une question de seuil

C'est comme s'il existait, dans le cerveau, un seuil de déclenchement pour l'histoire d'amour, seuil qui dépendrait en premier lieu de l'influence « primitive » de messages chimiques renseignant sur la constitution génétique de l'autre et qui serait en second lieu lié à l'influence « cognitive », c'est-à-dire à ce qu'on peut apprendre sur la vie de l'autre et sa façon d'être. Pour le dire autrement, moins on réagirait aux stimuli chimiques de l'autre et plus il faudrait de stimulations « cognitives » en remplacement. Précisons toutefois que si on n'est pas du tout sensible aux stimuli chimiques, l'intelligence, la gentillesse et l'humour de l'autre ne suffiront pas à remplacer complètement les quelques fentogrammes* de phéromones : on pourra peut-être devenir ami, mais pas amoureux.

Dans l'histoire d'amour, le plus important est donc d'atteindre le seuil de stimulation auquel le cerveau réagit et, aussi, de pouvoir s'y maintenir d'une façon ou une autre : les différentes façons de tomber amoureux se valent, qu'on réagisse rapidement après un apport phéromonal ou après une appréciation plus lente de l'intelligence, la personnalité et le potentiel en biens bassement matériels du partenaire potentiel. Il arrive d'ailleurs qu'on tombe sous le « charme » qui opère immédiatement grâce aux phéromones, mais que, plus tard, les influences cognitives annulent ce premier effet.

---

* Un fentogramme correspond à 10^{-15} gramme, soit le millionième d'un milliardième de gramme.

Vous et votre seuil : une histoire unique

Le seuil de déclenchement de l'état amoureux n'est pas constant : il change avec l'âge, le cycle hormonal chez les femmes, l'histoire de chacun, et même, paraît-il, selon notre appréciation subjective de nous-même. Une étude[15] menée sur 978 jeunes gens âgés entre 18 et 24 ans a ainsi montré que plus on se trouve beau, intelligent et riche, plus on est exigeant sur ces mêmes qualités pour son partenaire.

Quoi qu'il en soit, quand le seuil de déclenchement est atteint, la réaction du cerveau est étonnante : on voit la vie en rose, et notre vision du monde change brusquement. Il n'est pas surprenant que dans les contes et les légendes, on recoure aux potions magiques pour justifier l'état amoureux, car celui-ci présente les mêmes effets que ceux qui seraient induits par une vraie drogue, puisqu'il est capable de bouleverser l'activité des neurones dans plusieurs zones cérébrales. Or ces effets sont d'autant plus inattendus que l'amour est une expérience unique ! Quand un jeune, avant la puberté, observe la place que semble tenir l'amour dans la culture des grandes personnes, il se demande à quoi peut bien ressembler cette chose étrange, apparemment si importante, mais que personne ne peut décrire. Il en vient inévitablement à se demander comment il fera pour savoir s'il est tombé amoureux, et à quoi il le reconnaîtra. Évidemment, on trouvera une description des symptômes présentés dans les romans, le théâtre, mais, tant qu'on ne les a pas éprouvés, tant que l'on est vierge de l'expérience de l'amour, on ne peut pas imaginer à quel point le cerveau amoureux change d'activité et à quel point on devient quelqu'un d'autre quand on est amoureux. Une chose reste pourtant acquise et pourra rassurer tous les jeunes, mais aussi les moins jeunes qui s'interrogent : quand on tombe amoureux, on le sait, c'est tout.

Le Baiser de la Belle

Ce poème de Good Gee, auteur contemporain sénégalais, décrit
très bien l'étonnement suscité par l'amour quand il arrive.

« Hier soir, mon chemin croisa celui d'une demoiselle,
Dont les yeux brillaient comme ceux d'une jeune gazelle ;
C'était au clair de lune, sur la plus jolie des plaines,
Et la brise était caresse sur mes deux joues d'ébène ;

« Nos âmes furent rapprochées par la chaleur de minuit,
Mielleuse attraction divine à l'aube de nos deux vies,
Et il a suffi d'un seul baiser de la belle,
Pour que la douceur de sa présence me paraisse irréelle ;

« Étrange sensation que j'éprouve pour une inconnue
Le Destin sait parfois nous jouer bien des tours,
J'ai découvert sur ses lèvres un arôme que je croyais perdu,
Est-ce cela que les poètes appellent "Amour" ?
J'ai demandé à mon cœur ce qu'il en pensait,
Il m'a dit : "Jeune homme, laisse-moi avec cette reine,
Si Amour est folie, alors je suis fou d'elle !" »

Plusieurs zones du cerveau de l'amoureux sont comme
« labourées ». Les affects sont bouleversés : on est tantôt fou
de bonheur, tantôt malheureux comme les pierres ; la concentration, la mémoire, la perception, les comportements, aussi,
sont modifiés. Chacun croit qu'il est seul dans son cas à penser
quatre heures par jour à son amoureux(se) (c'est la durée
moyenne estimée par les chercheurs), à passer toute la nuit à
discuter avec lui/elle de son histoire personnelle, à le trouver
merveilleux(se), à être heureux(se) de ne rien faire des heures
durant à ses côtés. Tous ces traits sont bien connus et ils sont
communs à tous les amoureux du monde. Du coup, certains
scientifiques, après avoir systématiquement catalogué les
caractères psychophysiologiques associés à l'état amoureux en

vue d'une approche biologique de sa compréhension, n'ont pas hésité à le comparer à une variété de folie. L'état amoureux serait, à les en croire, une forme de trouble obsessionnel-compulsif se déroulant dans l'euphorie. On n'en demandait peut-être pas tant : qu'importe, au fond, aux amoureux de savoir si c'est leur cœur qui bat à l'unisson ou les neurones de leur cortex frontal qui s'emballent follement...

TOI SEUL POUR MOI SEULE

Le lien affectif entre deux personnes est une chose concrète construite avec des attaches neuronales, qui font qu'on se sent bien auprès de l'élu, au point même de créer une « dépendance » l'un par rapport à l'autre qui entraîne l'apparition d'un syndrome de manque si l'un des partenaires s'absente ou s'en va pour toujours. Le type de lien qui s'établit alors est essentiel et rare. Il ne concerne d'ailleurs que deux relations dans la vie : celles qui nous attachent à nos parents et celles qui lient les amoureux entre eux (époux ou concubins). Dans l'un et l'autre cas, l'attachement qui se crée est une question de vie et de mort : il s'agit de notre propre vie dans le cas du lien qui nous unit à nos parents et de celle de nos enfants, réels ou à venir, dans le cas du lien de couple qui nous relie à notre partenaire. L'enjeu est donc capital, et il est compréhensible que notre cerveau, en parfait gestionnaire, se charge de diriger notre comportement vers celui ou celle dont nous avons besoin.

L'ocytocine : l'hormone qui lie

Dans les deux types d'attachement parental et sexuel, les mécanismes de mise en place sont semblables : ils reposent probablement sur l'ocytocine. On connaît bien les fonctions corporelles de l'ocytocine : elle provoque les contractions de l'utérus au moment de l'accouchement, et l'éjection du lait lors de la tétée. C'est donc l'hormone de la maternité – (une hormone ancêtre de l'ocytocine est également responsable de la construction du nid chez les oiseaux). Mais l'ocytocine est libérée non seulement dans le sang pour agir sur les seins et l'utérus, mais aussi dans plusieurs zones du cerveau pour agir sur le comportement et les émotions. La nature fait ainsi d'une pierre deux coups : une seule et même hormone, détournée de ses fonctions corporelles, assure l'attachement de la mère à l'enfant grâce à sa libération massive dans le cerveau au moment de l'accouchement et de l'allaitement.

Or il existe désormais de forts éléments de preuve donnant à penser que cette hormone intervient également, mais plus tard, dans la formation du lien romantique ou sexuel entre adultes. On cite très souvent les campagnols pour attester des bases biologiques de l'attachement au sein du couple, et ces rongeurs sont, de fait, riches en enseignements. Non seulement ces petites bêtes montrent l'importance de l'ocytocine comme hormone du lien et les bases biologiques de l'attachement au sein du couple, mais elles permettent de voir que les deux types de liens essentiels à la survie sont assurés, au moins partiellement, par les mêmes mécanismes : les soins intensifs des enfants vont de pair avec la formation d'un couple uni (la monogamie).

Grâce aux techniques de l'imagerie qui permettent aujourd'hui d'examiner le cerveau de l'homme, des chercheurs italiens sont parvenus à démontrer que le comportement amoureux chez l'être humain reposait sur les mêmes bases neurobiologiques que le comportement d'attachement chez le campagnol. Dans une première expérience, on a mesuré l'activité de plusieurs zones du cerveau chez 17 volontaires tombés récemment amoureux (depuis moins de 6 mois) pendant qu'ils regardaient la photographie de leur amour[78]. Dans une deuxième expérience, on a mesuré l'activité des zones du cerveau de 20 mères pendant qu'elles regardaient la photographie

Plutôt plaine ou plutôt montagne ?

Le rôle de l'ocytocine dans l'attachement parents-enfants et parent-parent peut être illustré par le comportement très différent de deux espèces de campagnols[77]. La première espèce, le campagnol des plaines, ou *Microtus orchogaster*, représente un modèle de vertu judéo-chrétienne : le couple partage le même nid et le même territoire où ils passent beaucoup de temps ensemble (même au laboratoire, ils passent au moins 50 % de leur temps assis l'un à côté de l'autre dans la cage). Ils rejettent ensemble tous les étrangers des deux sexes qui s'approchent de leur territoire, et si l'un des deux vient à mourir, il n'est remplacé que rarement. Le mâle s'occupe avec la femelle des petits, qui demandent beaucoup de soins, et ils ont aussi besoin de beaucoup de contacts sociaux. La seconde espèce, le campagnol des hauteurs ou *Microtus montane*, ressemble physiquement à la première, mais se différencie par son comportement social. Ce campagnol-là vit dans des terriers isolés ; il ne cherche pas le contact avec ses congénères et il n'est clairement pas monogame. Les mâles ne s'occupent pas du tout des petits, et même les femelles les abandonnent très souvent entre le 7e et 14e jour suivant la naissance. Si on met les membres d'un couple ensemble dans une petite cage, ils ne se fréquentent pas. Une telle différence de comportement ne pourrait s'expliquer sans une importante différence dans quelques structures du cerveau. Effectivement, on a trouvé que les cerveaux des deux espèces de campagnols différaient très nettement au niveau des zones sensibles à l'action de l'ocytocine.

de leur enfant[79]. On a ensuite comparé l'activité cérébrale induite par l'évocation de l'attachement parental et l'activité cérébrale induite par une évocation de l'amour romantique. Naturellement, afin que la comparaison soit valable, ils ont inclus d'autres mesures d'activité pour bien faire ressortir la part spécifique de l'amour (par exemple, la vision de personnes neutres ou de personnes détestées). Les résultats ont

montré que certaines zones du cerveau étaient propres à chacun des deux types d'amour (maternel ou romantique), que
d'autres perdaient en réceptivité dans les deux cas mais que
d'autres, enfin, s'activaient dans les deux cas. Certaines des
zones activées dans les deux cas étant déjà répertoriées comme
des zones sensibles à l'ocytocine, on en a conclu que, chez
l'homme, comme chez le campagnol, c'étaient les zones du
cerveau sensibles à l'ocytocine qui étaient activées dans
l'amour romantique et dans l'amour parental.

L'idée que l'amour qu'on porte à ses parents ou ses
enfants est du même type que l'amour qu'on porte à son partenaire peut choquer, mais, en les analysant, on perçoit beaucoup de ressemblances, notamment la modification de l'état
mental, avec la focalisation sur une autre personne qui est présente dans les pensées de manière intrusive et la mise en place
de tout un répertoire comportemental pour solliciter l'attention de l'autre[80]. Qu'il s'agisse d'un enfant ou d'un amoureux,
on le trouve parfait, on ne voit pas ses défauts, on se conforme
à ses besoins et ses désirs, on le caresse, on l'embrasse, on le
nourrit, on l'appelle son bébé et on communique généralement
avec lui au moyen d'un langage infantilisé.

L'enfant aimé deviendra un amant amoureux

Cela donne beaucoup de poids à l'adage qui veut qu'on doit
regarder les rapports entre un fils et sa mère avant de prendre
ce fils comme époux (et vice versa) : si on se fie à l'hypothèse
qu'il peut y avoir des différences entre individus concernant la
densité des récepteurs à l'ocytocine dans le cerveau, soit par
programmation génétique, soit par induction pendant les soins
de l'enfance (massages, bains, chants, petits soins), alors il vaut
mieux se lier avec un ex-bébé bien soigné[81] qui entretiendra les
mêmes rapports doux avec sa femme que ceux dont il a pris
l'habitude avec sa mère.

Autre point intéressant concernant l'implication de l'ocytocine dans le déclenchement de l'amour parental et de l'amour romantique : l'importance de l'odeur. Nous avons vu combien les messagers chimiques sont importants pour déclencher le coup de foudre, qu'il s'agisse de messagers appartenant au système d'odorat ou au système phéromonal. Nous savons maintenant, par des expériences menées chez la ratte et la brebis, que le nouveau-né apprend à identifier sa mère et se lie à elle par la libération de l'ocytocine grâce au léchage qu'elle fait sur leurs peaux respectives qui recueillent le liquide amniotique, donc contenant des messagers chimiques provenant de son propre corps. Voilà qui plaide pour un rôle important des mêmes messagers chimiques dans le déclenchement de l'amour romantique, puisque les mêmes mécanismes cérébraux sont en cause. On peut aller plus loin : on a montré que si on injecte du citral dans la corne utérine d'une ratte avant la mise à bas, les petits choisiront une nourrice enduite du même produit odorant et, plus tard, choisiront préférentiellement de s'accoupler avec une femelle dont le vagin a été parfumé au citral[75]. L'extrapolation de l'animal à l'homme et du citral au Chanel nous conduit à proposer que tous les messages chimiques qui nous rappellent nos parents, qu'il s'agisse de messages génétiques ou simplement d'odeurs associées à la période postnatale comme un parfum ou même, pourquoi pas, des odeurs de cuisine, auront le pouvoir d'enclencher le « système ocytocine ».

Je ne suis bien que près de toi

L'activation des circuits à ocytocine va produire les premiers symptômes de la folie, ou de l'état mental altéré, qui caractérisent l'amour. On possède en physiologie beaucoup d'informations sur l'état de vigilance qui précède une action intense : le cœur bat plus fort, les muscles sont mieux irrigués, le glucose et les lipides emmagasinés sont libérés dans le sang en préparation d'une fuite ou d'un combat (dit-on classique-ment), Le corps, dans ces moments, est sous l'emprise de l'adrénaline et du cortisol, c'est-à-dire des hormones du stress. Lorsqu'il se prolonge, cet état induira un sentiment de mal-être, allant même jusqu'à induire des maladies. On peut opposer à cet état son état miroir : un état de bien-être, dans lequel le corps serait au repos, hors de danger ; au lieu de dépenser des réserves, il en emmagasinerait, le rythme cardiaque serait tranquille, la digestion se ferait dans les meilleures conditions et tous les systèmes de réparation du corps se mettraient au travail pour nous « refaire une santé ». L'ocytocine y joue probablement un rôle primordial, si on se fie aux effets constatés chez le rat et le cobaye[82]. Certes, on en connaît beaucoup moins sur la physiologie du bien-être que sur la physiologie du mal-être, mais l'ocytocine semble bien être une sorte de *feel-good factor* naturel. La prise de poids constatée si fréquemment chez les jeunes mariés serait donc la manifestation la plus visible de cet état de bien-être induit par la sécrétion d'ocytocine dans le cerveau. De la même façon, les bienfaits du mariage sur la santé s'expliqueraient par le dopage du système immunitaire sous l'effet de l'ocytocine.

La preuve !

« Chez le rat mâle et femelle, l'ocytocine joue un rôle de facteur physiologique antistress. Si on continue les injections quotidiennes d'ocytocine sur une période de 5 jours, on diminue la pression sanguine par 10-20 mmHg, on augmente la tolérance à la douleur, on diminue les taux circulants des hormones du stress et on augmente les taux circulants des hormones qui permettent d'emmagasiner les aliments. Ces effets continuent pendant plusieurs semaines après la fin des injections. Si on répète le traitement à l'ocytocine, on stimule la prise de poids et même l'efficacité de guérison des blessures éventuelles[82]. »

Chez les petits ratons, l'ocytocine est libérée sous l'effet de la tétée et des léchages de la mère. Chez un couple d'humains nouvellement formé et amoureux, il existe beaucoup de comportements typiques qui ressemblent à la tétée et au léchage, et qui donc sont aptes à produire des taux circulants élevés d'ocytocine. Ne vous êtes-vous jamais demandé quelle était la signification du baiser, qui rappelle les succions de la tétée chez le nouveau-né ? Nous avons évoqué plus haut la possibilité d'un échange de phéromones de cette façon, mais très probablement l'attrait principal qui donne un tel sentiment de bien-être quand on le pratique, qui nous pousse à passer de longs moments à simplement embrasser notre partenaire, est la sécrétion d'ocytocine et l'effet antistress immédiat qu'elle procure. Le contact corporel, le fait de s'allonger côte à côte, l'un sur l'autre, peau nue, même sans acte sexuel, constitue un stimulus équivalent à celui ressenti par la mère et le petit pendant la tétée, et les caresses ne feront que renforcer et prolonger ces effets.

Paroles, paroles...

Chez les grands primates, l'épouillage est une façon d'installer les liens sociaux par libération d'ocytocine, mais on a constaté que cette socialisation ne pouvait être efficace que sur un groupe de moins de 50. Dans la société humaine, la conversation, le discours et généralement la communication par la parole ont peut-être remplacé l'épouillage des singes et il n'est pas exclu non plus que, comme les caresses, les longues conversations entre amoureux soient aussi sources d'ocytocine[83].

Dans l'ensemble, il semble que toute stimulation sensorielle douce puisse entraîner une libération d'ocytocine, y compris le toucher, l'application d'une pression légère et même l'immersion dans de l'eau chaude[84, 85].

L'amour, ça fait du bien

On assiste aujourd'hui à une modification des mœurs chez les jeunes adolescents : ils « couchent » de plus en plus tôt dans leurs relations amoureuses et ils ont tendance aussi à vivre de longues liaisons. L'ocytocine, hormone de l'accouchement et donc de la contraction des organes de reproduction, sert aussi au moment de l'orgasme. Un coït abouti entraîne une libération d'ocytocine dans le cerveau et c'est cette hormone qui lie le couple et rend la présence de l'autre si agréable. Il est très possible que la libération de l'ocytocine sous l'effet des rapports sexuels répétés soit responsable de la force du lien dans un jeune couple : la copulation fréquente est une meilleure garantie de durée.

Les effets de l'amour sur le bien-être sont ainsi à l'origine des soins proposés par les médecines alternatives et les centres de soins paramédicaux comme la thalassothérapie[85], la vinothérapie, l'aromathérapie, et toutes les autres thérapies fondées sur la chaleur et le massage. Quel que soit le détournement commercial qui peut en être fait, l'état amoureux induit un profond sentiment de bien-être par la proximité de l'autre et tous les stimuli qu'il déclenche. Il s'agit d'un état mental modifié, et on a même pu mettre en avant le changement de personnalité chez certaines mères sous influence de l'ocytocine[86]. Cet état est dû principalement à l'action de l'ocytocine sur les hormones du stress, ce qui est déjà important, mais n'explique pas les effets de dépendance et d'addiction dans l'amour. D'autres circuits du cerveau interviennent, en effet, ainsi que d'autres neurotransmetteurs, en particulier la dopamine et les endorphines.

CHAPITRE 4

Les drogues de l'amour
Attachement et dépendance

La dépendance et l'obsession étant deux autres caractéristiques essentielles de l'état amoureux, des chercheurs n'ont pas hésité pas à assimiler la dépendance en général à la sensation de « tomber amoureux »[87], comme si toutes les drogues dont on abuse dans notre société profitaient des circuits cérébraux mis en place pour permettre la « folie de l'amour ». Le cerveau contient en effet ce qu'on appelle des circuits de récompense (ou renforcement) fondés sur le plaisir, qui permettent au corps de promouvoir des comportements utiles pour lui.

UN BESOIN ET UN PLAISIR

On a du plaisir à manger quand on a faim et du plaisir à boire quand on a soif : le plaisir est plus ou moins grand en fonction des besoins, et on ne ressent pas le même plaisir à manger du pain quand on est rassasié que quand on est à jeun. Le calcul des besoins est traduit à tout moment en termes de plaisir qu'on ressentira en effectuant tel ou tel acte (manger, boire, etc.). Ce plaisir attendu, proportionnel au besoin, va décider de notre motivation pour agir.

Parce que c'est lui, parce que c'est elle (*You are*, **Atomic Kitten**)	
Oh, I'm loving you.	Oh, je t'aime.
Ooh I wish you'd ask me how I feel.	Ooh j'aimerais que tu me demandes comment je me sens.
I'd say that I'm emphatic.	Je dirais que je suis catégorique.
Ooh and when you're near to me.	Ooh et quand tu es près de moi.
This urgency is automatic.	Cette urgence est automatique.
Ooh you're my addiction boy.	Ooh tu es ma drogue chérie.
And I don't want to break the habit.	Et je ne veux pas perdre cette dépendance.
I'd say that you're in my heart.	Je dirais que tu es dans mon cœur.
You're in my heart.	Tu es dans mon cœur.

En cas de deux ou plusieurs besoins à gérer en même temps (ce qui est bien sûr le cas dans le corps humain), le cerveau intègre l'ampleur de chaque besoin, tient compte également du travail qu'on devra fournir pour l'assouvir, et nous livre en résultat de ses calculs la motivation adéquate pour satisfaire le plus urgent des besoins[88]. Mais, l'amour, est-ce un besoin qui doit être géré par le corps comme la faim, la soif et le besoin du sommeil ? Vu d'en haut, c'est-à-dire du monde

littéraire, l'amour est un luxe, une gâterie, un superflu pour les
esprits penchant vers le romantisme. Vu d'en bas de l'échelle,
qui représente la double hélice de l'ADN, l'amour est l'état
d'esprit nécessaire à la reproduction de l'espèce, avec comme
objectif l'accomplissement de l'acte sexuel. L'état amoureux est
donc géré comme les autres « besoins » par les circuits de
récompense dans le cerveau par le biais du plaisir.

L'addiction amoureuse

Les circuits de récompense fonctionnent principalement avec
deux neurotransmetteurs : la dopamine et les endorphines. Pour
simplifier, disons que la dopamine est responsable de la motivation et que les endorphines provoquent le plaisir. Les « drogues »
qui permettent de stimuler directement les circuits de récompense et procurent, de ce fait, une sensation de plaisir qu'on
cherche à renouveler intensément agissent précisément sur ces
deux neurotransmetteurs. Les amphétamines et la cocaïne augmentent le taux de dopamine disponible dans les systèmes neuronaux de récompense ; les endorphines interviennent en
deuxième ; mais l'état amoureux, aussi, implique directement
l'activité des neurones dans ces systèmes.

Nous avons déjà évoqué l'importance de l'ocytocine dans
l'établissement du lien d'amour, et ses effets immédiats sur le
niveau des hormones liées au stress. Or le rôle de l'ocytocine
ne s'arrête pas là, et on sait aussi qu'elle a une influence qui se
prolonge dans les circuits de récompense. Pour revenir à la
première espèce de campagnols, notre modèle animal de la
monogamie, on a trouvé que l'ocytocine agit très fortement sur
le noyau accumbens qui est la clef de voûte du circuit de
récompense dans le cerveau et qui libère de la dopamine[89]. Par
ailleurs, dans les expériences d'imagerie faites sur l'être
humain, la comparaison des parties du cerveau qui sont activées quand une mère regarde son nouveau-né et quand un

amoureux regarde son partenaire[79] a permis de constater qu'un certain nombre de ces zones appartenaient aux systèmes de récompense et contenaient beaucoup de récepteurs à l'ocytocine. Toutes ces expériences concordent pour indiquer que l'ocytocine, l'hormone de la préférence et du lien, agit dans les circuits de récompense pour y faire libérer de la dopamine.

La dopamine : la « dope » de l'amour

Certains « symptômes » de l'état amoureux rappellent l'action des amphétamines ou de la cocaïne : on perd l'appétit, on est hyperactif et on dort mal, on a une activité mentale agitée, on ressent une sorte d'extase. On se sent capable de tout quand on est amoureux, on a de l'énergie à revendre, on entreprend volontiers de nouvelles tâches. Notre motivation pour toute chose reçoit un coup de fouet : on est dopé par la dopamine.

Drogué par amour : témoignage

« J'ai eu une crise d'asthme sévère il y a cinq ans, et j'ai été obligé d'aller aux urgences à 2 heures du matin.

« On m'a mis sous oxygène, et au bout de deux heures ça allait tellement mieux que j'ai pu rentrer à la maison. Comme traitement à long terme, on m'a prescrit des stéroïdes pendant 4 semaines. C'était la première fois que j'en prenais, et l'effet a été incroyable. J'avais l'impression d'être déconnecté émotionnellement de ce qui se passait autour de moi, et j'ai traversé ces quatre semaines sur un nuage, content et totalement détendu. Je m'amusais même de choses qui, d'habitude, me dérangeaient. J'étais conscient que quelque chose en moi avait changé : je n'avais jamais éprouvé ce genre de sensations avant.

« À l'époque, je n'ai parlé à personne de ce que j'éprouvais. C'était un mois merveilleux. J'avais une envie inhabituelle de faire le bien : je me sentais différent physiquement. Quand le traitement a été terminé, au bout de 2 ou 3 jours, je suis progressivement revenu à mon état "normal".

« Trois ans plus tard, j'ai rencontré quelqu'un à un dîner et je suis tombé amoureux en moins de 2 minutes. J'avais 45 ans. C'était la première fois dans ma vie d'adulte qu'il m'arrivait quelque chose comme ça. Je perdais le contrôle de moi-même, et ça m'émerveillait. J'étais marié à l'époque. En deux minutes, toute ma vie a basculé de manière inattendue. J'ai retrouvé les mêmes sensations que celles que j'avais éprouvées trois ans plus tôt. J'avais de nouveau le sentiment de flotter, j'étais de nouveau déconnecté, j'étais bien... Ça a été un vrai choc de retrouver par des "moyens naturels" ce que j'avais expérimenté avec la drogue.

« C'est un état dans lequel on donne sans compter à quelqu'un d'autre. C'est à la fois libérateur et effrayant. Je suis étonné de constater que je peux ressentir ça – et c'est toujours un choc encore aujourd'hui, dix-huit mois après. J'ai enfin compris le sens et les sensations que donne l'amour. Je l'avais lu dans les livres, j'avais cru comprendre, mais je ne l'avais jamais vécu avant cette soirée si particulière. »

Cet état est sans doute essentiel pour aller vers l'autre, et vers des émotions et des comportements inconnus. Quand on y réfléchit, l'état amoureux est bien, comme on le dit, une « aventure » : la vie de tous les jours est bousculée dans les moindres détails. Quand on est célibataire, on a des habitudes : elles rendent la vie agréable, et on n'aime pas les casser. Vivre à deux n'est pas facile car il faut en permanence faire des compromis et sacrifier ses goûts personnels et gérer la présence de l'autre – ses envies, ses habitudes, ses goûts ses fréquentations. On parle souvent de « sauter le pas », mais c'est un gouffre qu'il faut traverser quand on passe de la vie de célibataire à la vie de couple, et il est normal qu'on ait besoin pour faire ce saut d'un taux élevé de dopamine pour trouver la motivation qui permet de passer à l'acte.

Il y a rencontre et rencontre

Le « besoin » est une source de stimulation pour la dopamine, mais la nouveauté aussi. De manière générale, pour affronter toute situation nouvelle, le cerveau nous met en condition avec un arrosage neuronal de dopamine. Dans le cas de l'amour, il y a le stimulus de la nouveauté, certes, mais il est renforcé par l'action de l'ocytocine dont la libération dépend de la présence du partenaire choisi, celui dont les signaux correspondent à nos critères de sélection et qui est reconnu en tant que tel par nos systèmes olfactifs, phéromonaux et cognitifs. Les nouvelles rencontres éveillent toujours notre attention, mais le niveau de dopamine dans le cerveau n'atteint le seuil nécessaire pour que l'on succombe que s'il y a « reconnaissance » et la libération de l'ocytocine qui en résulte.

Faire une expérience prouvant l'ampleur de la libération de dopamine au moment où on tombe amoureux paraît impossible aujourd'hui, parce qu'il est exclu de pratiquer des techniques d'investigation invasives sur l'homme. D'ailleurs, même si on parvenait à mesurer cette libération par imagerie, on ne pourrait pas ordonner à quelqu'un de tomber amoureux une fois qu'il est installé dans la machine. Gageons pourtant qu'un jour, on pourra voir qu'aucun autre acte ou stimulus ne provoque d'aussi grande libération de dopamine dans le cerveau de l'homme que l'amour.

Le « rush » du bonheur

La dopamine n'est que le premier élément dans les circuits de récompense, assurant notre appétit pour un comportement. Ce premier pas doit être « concrétisé » en l'asseyant dans un bain de plaisir, ce qui fournira la véritable récompense, et cela est assuré par les endorphines. Les endorphines sont des « morphines endogènes » présentes dans le corps et le cerveau.

Le coquelicot et l'opium

La morphine est l'un des 40 alcaloïdes trouvés dans l'opium qui est extrait du coquelicot. L'histoire entre l'homme et l'opium est très vieille : déjà dans les idéogrammes sumériens datant d'il y a 6 000 ans, le coquelicot s'appelait « fleur de la joie », et l'opium est effectivement la drogue préférée de l'homme depuis au moins cette date-là, procurant un état de bien-être, d'euphorie ou un « rush » selon la concentration du produit et la voie d'administration.

C'est en 1977 que les chercheurs ont découvert que non seulement l'homme réagissait très agréablement à la morphine qu'il extrait de la plante, mais qu'il produisait dans son propre corps des molécules qui reconnaissent les mêmes récepteurs que la morphine et qui provoquent le même effet plaisant[90]. On sait aujourd'hui qu'il existe plusieurs types d'endorphines et que ceux-ci jouent des rôles divers dans le contrôle de la douleur, le système immunitaire, la motilité de l'intestin et aussi, ce qui nous intéresse tout particulièrement ici, dans les systèmes de récompense du cerveau.

DE MODIFICATION CHIMIQUE EN MODIFICATION CHIMIQUE

Dans une version simplifiée du système de récompense, on peut considérer que la motivation sous l'effet de la dopamine pousse à l'action, et le corps juge cette action par les effets qu'il produit : l'efficacité de nos actes est récompensée par une libération d'endorphines et, par conséquent, par une bouffée de bonheur, ce qui nous incitera à recommencer la même action en cas de motivation identique. Si, par exemple, on est en hypoglycémie, le signalement d'un besoin dans le corps (le taux très bas de glucose circulant dans le sang) enclenchera à la fois la sensation de faim et la motivation pour aller chercher à manger. Après absorption, la digestion de la nourriture fera remonter le taux de glycémie, ce qui constitue la bonne réponse au comportement choisi, et on ressentira du plaisir[91].

Comment appliquer ce raisonnement réductionniste à l'amour ? L'objectif immédiat (le « besoin ») est-il la copulation à des fins reproductives ? Certes, l'acte sexuel est aussi sous l'égide des circuits de récompense, et son accomplissement est très souhaitable pour la reproduction de l'individu, la motivation étant fournie par les signaux de maturation des gonades, mais si l'acte sexuel était le seul objectif de l'amour, il serait difficile d'expliquer le plaisir qu'on ressent à retrouver son amoureux pendant la période précédant tout acte sexuel. En outre, si on s'en tient aux mécanismes neurobiologiques, l'amour romantique est souvent comparé à l'amour parental, ce qui élimine l'acte sexuel comme objectif immédiat du comportement amoureux, car les parents ne font pas l'amour avec leurs enfants.

En fait, l'amour doit être distingué de l'acte sexuel, et on peut considérer le rapprochement intime de deux personnes comme une fin en soi. Certes, la finalité ultime de l'amour romantique reste la reproduction, mais, pour y arriver, il faut passer par plusieurs étapes, chacune d'entre elles étant récompensée indépendamment des autres. Dans les espèces où l'investissement parental est minime (peu de temps de gestation et peu de temps de dépendance des petits), les comportements nécessaires à la reproduction se résument effectivement à l'acte sexuel, mais ce n'est pas le cas chez nous. Chez l'être humain, des mécanismes cérébraux récompensent le rapprochement intime de deux personnes parce que ce rapprochement fait partie d'une séquence de comportements nécessaires à la reproduction dans les espèces monogames.

Contrairement à beaucoup d'idées reçues, la monogamie a, en effet, des fondements biologiques : elle existe dans les espèces où un parent seul n'arrive pas à fournir les ressources pour lui-même et son petit à cause du temps de gestation allongé et de la longue période d'éducation et de soins nécessaire à l'émancipation de sa progéniture. Chez les oiseaux, par exemple, la monogamie est très courante (elle concerne 90 % des espèces), alors que chez les mammifères, elle ne concerne que 3-5 % des 4 000 espèces, parmi lesquelles l'espèce humaine[92].

La présence du couple le temps nécessaire à l'éducation de l'enfant est essentielle à la survie dans le cas des animaux monogames. À ce titre, le comportement amoureux nécessaire pour lier le couple est sans doute programmé dans nos gènes, comme l'est la copulation. La question est alors : comment se programme la formation d'un lien ? Sans doute de la même manière que d'autres changements qui ont lieu dans le cerveau : par la fabrication de neurotransmetteurs, de récepteurs de neurotransmetteurs et même de nouveaux neurones pour établir les connexions permettant la mise en place d'un comportement sous l'influence, par exemple, de l'ocytocine.

La magie des voix

Le conditionnement joue peut-être aussi un rôle dans l'établissement de certains comportements destinés à cimenter le couple. On se souvient que le chien de Pavlov avait été conditionné à saliver au simple son d'une clochette, après avoir à plusieurs reprises vu apparaître son repas au son de cette clochette. Chez l'amoureux, le plaisir procuré par les endorphines qui sont libérées quand on est près de l'autre par des stimuli sensoriels pourrait être associé non pas à une clochette, mais au son de la voix. Après plusieurs expositions, rien que le son de cette voix-là au téléphone aurait acquis le pouvoir de faire sécréter des endorphines.

Dès qu'on admet l'intérêt biologique de la formation d'un lien très fort entre deux partenaires, beaucoup de phénomènes deviennent logiques sur le plan neurobiologique. On parle souvent de « sa moitié » en faisant référence à son partenaire, mais cette expression populaire paraît plutôt désigner une réalité neurophysiologique : tant que dure le lien, le fonctionnement du cerveau est modifié pour admettre la présence intime de l'autre, parce que cet autre est indispensable à notre projet reproductif.

Deux cerveaux pour un seul couple

Ainsi, une rencontre se concrétise sous l'influence de l'ocytocine, hormone qui agit sur les hormones du stress pour induire un effet global de bien-être. Les circuits dopaminergiques renforcent cet effet de l'ocytocine en faisant naître le désir de passer le plus de temps possible près de son partenaire et d'être récompensé quand on est dans ses bras par une libération d'endorphines. Rien que d'être ensemble est une satisfaction profonde, et on repense encore à nos campagnols de la plaine qui passent plus de la moitié de leur temps ensemble, assis côte à côte dans leur cage de laboratoire, comme deux amoureux qui passent des après-midi entiers sur des bancs publics à se raconter leur vie. Ce temps passé à être ensemble n'est peut-être pas perdu, s'il s'agit d'un investissement pour assurer un avenir à deux. Nous avons évoqué plus haut les habitudes de célibataire et l'effort qu'il faut pour les rompre. Eh bien, ce temps passé ensemble en début d'une relation pourrait servir à une modification plastique du cerveau permettant aux neurones de se réorganiser en vue d'un nouveau mode de vie à deux. Il n'y a, bien sûr, aucune preuve expérimentale et anatomique à l'appui de cette supposition, mais l'hypothèse paraît probable pour plusieurs raisons.

On entend souvent parler de la plasticité du cerveau depuis une dizaine d'années. Les scientifiques ont, en effet, montré que les neurones pouvaient se régénérer, ce qu'on croyait impossible. Or il peut se produire un véritable remaniement du cerveau avec destruction et création de prolongements neuronaux, voire formation de nouveaux neurones (neurogenèse), non seulement pendant le développement mais dans des situations diverses comme l'exercice (augmentation de plusieurs facteurs de croissance spécifiques du cerveau entraînant une meilleure résistance aux traumatismes, et des performances accrues en apprentissage et en mémoire[93]), le sommeil[94], un stress[95] et sous l'influence des hormones stéroïdes sexuelles (œstrogènes, testostérone[96]). Tout comme chez le jeune rat, il a été montré que l'environnement social (les fréquentations) pouvait modifier la neurogenèse et l'activité des neurones dans l'hippocampe de l'adulte, région du cerveau très impliquée dans la mémoire[97], on a constaté que les soins parentaux pouvaient conditionner un certain nombre de comportements chez l'enfant, plus tard dans la vie, par une modification de ses structures cérébrales[98, 99].

Le cerveau est plastique
et les rencontres le troublent

« On sait depuis longtemps qu'il existe, pendant le développement d'un organisme, des périodes critiques, des étapes au cours desquelles le destin de l'organisme se décide. Les influences extérieures pendant ces périodes critiques peuvent avoir des conséquences particulièrement fortes. Par conséquent, la réceptivité de l'organisme aux manipulations externes durant le développement est importante pour la survie de l'espèce[100]. »

« Les expériences sociales et sexuelles au cours de la vie ont des effets durables dans le cerveau grâce à l'action des hormones stéroïdes (corticoïdes, œstrogènes, testostérone). Ces effets ont le pouvoir de modifier le comportement et les motivations pendant la vie de l'adulte[101]. »

Même si la plasticité du cerveau de l'homme amoureux n'a pas fait l'objet de beaucoup de recherches (et il faut reconnaître que les conditions expérimentales empêchent la pratique de la plupart des expériences), il est plausible, à en juger par les études menées sur l'animal et par ce que nous savons aujourd'hui des mécanismes de la plasticité, que le cerveau amoureux subisse des modifications en vue de la nouvelle vie d'adulte reproducteur qui se profile.

Mon amour est unique, il est parfait et je ne pense qu'à lui

Helen Fisher, chercheur à l'Université Rutgers dans le New Jersey travaille avec des psychologues pour tenter de définir les systèmes du cerveau qui interviennent dans l'attraction sexuelle, l'amour et le lien. Elle décrit un véritable feu d'artifice de neurotransmetteurs qui sont modifiés pendant l'état amoureux et qui pourraient expliquer certaines modifications comportementales[102].

Ainsi, quand on tombe amoureux, on a l'impression que l'objet de son amour est unique et qu'il possède une signification spéciale. Ce phénomène, qui est couplé à l'impossibilité de ressentir une passion romantique pour plus d'une personne à la fois, a sans doute une origine chimique.

Et non seulement on trouve son partenaire unique, mais on le trouve parfait : on focalise son attention sur ses qualités et on sous-estime ses défauts. Les expériences d'imagerie du cerveau ont montré que l'amour parental comme l'amour romantique étaient caractérisés par une baisse d'activité dans les parties du cerveau « associées aux émotions négatives et au jugement des intentions et des émotions de l'autre[79] ». Ainsi, les parties du cerveau qui, généralement, font preuve de beaucoup de discernement seraient mises en veilleuse pour qu'on ne puisse pas juger trop sévèrement quelqu'un avec qui on est destiné à faire un bout de chemin.

La dopamine me dit qu'il est unique...

— *Une concentration élevée de dopamine centrale* accompagne l'exposition à un nouvel environnement, avec une attention plus alerte et focalisée. L'élévation des taux de dopamine pourrait donc expliquer en partie la focalisation de l'amoureux sur son partenaire et sa tendance à voir en lui un être unique.

— *Une augmentation de la noradrénaline cérébrale* est associée à une meilleure mémoire pour de nouveaux stimuli. Dans un questionnaire effectué auprès de 437 Américains et 402 Japonais, 73 % des hommes et 85 % des femmes se souvenaient de choses triviales que leur partenaire avait faites ou dites. Par ailleurs, 83 % des hommes et 90 % des femmes disaient se rappeler ces instants précieux pendant leurs moments de loisir.

— *Une baisse de la sérotonine favorise les obsessions.* Les personnes amoureuses pensent de manière obsessionnelle à leur partenaire (jusqu'à 85 % de leur temps éveillé pour certaines). Ce comportement est une forme d'obsession. Or, actuellement, on traite l'obsession le plus souvent par des inhibiteurs de la recapture de la sérotonine, ce qui fait remonter le taux de ce neuromédiateur. Une baisse de la sérotonine cérébrale pourrait donc contribuer à rendre compte de l'aspect obsessionnel dans l'état amoureux.

LOIN DE TOI, JE SUIS MAL

La forte implication des endorphines dans l'état amoureux est sans doute responsable de beaucoup de ses effets : plaisir à être ensemble, conditionnement de notre appréciation des qualités de l'autre ou encore grandes sautes d'humeur en début de liaison. Dans les meilleurs moments, on peut parler d'euphorie, mais pour retomber aussitôt dans le désespoir, pour peu que notre amoureux soit en retard pour un rendez-vous, qu'il oublie l'anniversaire de notre premier jour, premier mois, premier baiser, premier... ou tout simplement qu'un (une) rival(e) se présente.

Plutôt que de parler du bonheur amoureux, mieux vaudrait en fait évoquer la grande labilité de l'humeur qui oscille entre deux extrêmes et l'exacerbation de l'état affectif. On est tellement bien qu'on se croit capable de courir les 100 mètres en 10 secondes, ou alors on n'arrive pas à sortir du lit ; on trouve du plaisir en toute chose (la pluie est douce, le froid est stimulant, la banlieue ressemble à un tableau de Lowry et les rognons brûlés nous rappellent un certain gâteau au caramel de notre enfance) ou alors on ne lève même pas les yeux, et rien ne nous intéresse.

Quand on n'a que l'amour

« Quand on n'a que l'amour
Pour meubler de merveilles
Et couvrir de soleil
La laideur des faubourgs... »

Jacques Brel, *Quand on a que l'amour.*

L'alternance de ces deux états, aux extrêmes de l'échelle des valeurs émotionnelles, c'est-à-dire aussi éloignés l'un que l'autre de la moyenne, rappelle la théorie des processus opposants de Solomon[103]. On sait que le plaisir est la monnaie commune dans le corps pour renforcer tous les comportements utiles, et que ce plaisir est ressenti notamment grâce à la libération d'endorphines dans le cerveau, lesquelles participent à l'induction d'un état de bien-être. Or si l'état amoureux est une des choses les plus utiles que le corps puisse réaliser dans le destin de sa programmation génétique, car cet état précède une période intense de reproduction (en l'absence de contraceptifs), l'état amoureux doit, par conséquent, être un très grand libérateur d'endorphines.

Seulement voilà : la loi des processus opposants dit que lorsqu'un stimulus entraîne un état plaisant, il s'installe en même temps un stimulus de la même ampleur dans le sens inverse (déplaisant). L'arrêt du stimulus plaisant sera suivi aussi de l'arrêt du contre-stimulus déplaisant, mais avec un temps de latence et une inertie telle qu'on ressentira un état déplaisant qui se dissipera progressivement pour permettre le retour de l'état de base (le petit temps de latence pendant lequel on ne ressent que le contre-stimulus s'appelle l'après-réaction). De la même façon, l'arrêt d'un état désagréable est suivi d'un état agréable. Jusqu'à présent, rien de grave, me direz-vous, et c'est vrai. Maintenant, si on répète plusieurs fois le même stimulus, une tolérance s'installe, ce qui, en termes matériels, signifie que les récepteurs des endorphines « se fatiguent » et produisent de moins en moins de plaisir après stimulation. On pourrait s'attendre à ce que, de façon symétrique, l'après-réaction diminue également. Eh bien, c'est le contraire qui arrive : la répétition provoque un affaiblissement progressif de la réaction affective, mais une augmentation de l'après-réaction, d'où la sensation de manque, et cette sensation de manque, à son tour, pousse à rechercher de plus en plus le stimulus plaisant qui interrompra l'état aversif dans lequel on est plongé. Ainsi se crée la dépendance, qu'il s'agisse de drogue ou d'amour[83]. L'amoureux est comme l'héroïnomane : il a besoin d'une dose de plus en plus grande pour assurer la libération d'endorphines dans le cerveau dont il est devenu dépendant.

Évidemment, il y a des différences, et de taille, entre l'amour et l'héroïne. En particulier, le déclenchement des endorphines survient après la libération de l'ocytocine et de la dopamine dans l'amour, alors que l'héroïnomane s'injecte directement de l'héroïne dans les veines. Dans le premier cas, il reste donc une certaine marge pour régler la libération d'endorphines, alors que, dans le second, la seule issue est la fuite en avant vers la dépendance et l'overdose.

Pour le dire autrement, le déroulement naturel de l'histoire d'amour se fait en plusieurs étapes et ces étapes permet-

Monsieur rat et ses maîtresses

On a mesuré la libération de dopamine dans le cerveau d'un rat qui était en activité dans sa cage. On s'est aperçu que, lorsqu'on lui présentait une femelle, il se produisait un pic de libération de dopamine, lequel pic était suivi d'une copulation. En revanche, quand on présentait la même dame plusieurs fois au même rat, on voyait s'amenuiser le pic et décroître l'intérêt du mâle pour la femelle et la copulation... Bien sûr, cet effet aurait pu être mis sur le compte de la fatigue, sauf que, avec le même rat mâle présenté à une femelle différente, on observait de nouveau un pic important de libération de dopamine...

tent de trouver graduellement un mode de fonctionnement à long terme. L'émission de dopamine et d'endorphines étant en grande partie liée à la nouveauté, on observe, après un certain nombre de rencontres, un « tassement » de l'effet : au fil du temps, chaque rencontre provoquera une plus faible décharge de dopamine et la dose d'endorphines se réduira d'autant pour atteindre un niveau correspondant au bonheur de la vie « régulière » à deux.

L'effet Coolidge

L'« effet nouveauté » impliqué dans la libération des neurotransmetteurs de l'« amour » est connu sous le nom d'« effet Coolidge ». La légende veut, en effet, que le président américain, en visite dans un élevage bovin avec son épouse, ait été impressionné par un taureau qui inséminait jusqu'à 17 vaches par jour. Mme Coolidge, se tournant vers son mari, aurait dit : « Tu vois, 17 fois par jour... » Et, à ce reproche, le président de répondre : « Certes, ma chère, mais avec pas la même... »

LES ÉTAPES DE L'AMOUR

La neurobiologie suffit à rendre compte de plusieurs phénomènes typiques de l'état amoureux.

— *Pendant la première phase de l'histoire d'amour*, celle qui suit la rencontre, on ne peut plus se passer de la présence de l'autre, et si jamais on n'y a plus accès, on souffre d'un vrai syndrome de manque... L'excitation, et le bonheur, qui résulte de la libération des endorphines n'a donc d'égale que le mal-être qui résulte de l'absence des stimuli.

Cette absence peut être liée à l'absence physique, mais aussi à tout ce qui crée le doute quant à la complicité partagée par les deux partenaires. Si on se souvient du mécanisme, la libération d'endorphines est là pour récompenser un comportement qui comble un besoin. Dans le cas qui nous occupe, le besoin est la formation d'un lien privilégié avec l'autre : aussi, tout ce qui fait douter du lien déclenche le désespoir d'une après-réaction prolongée. Les retards, les oublis et les sourires donnés ailleurs provoquent des réactions violentes, car ils ne fournissent pas l'assurance de la réciprocité du lien et plongent le partenaire déçu dans les abysses du manque. Le plus grave est évidemment quand l'un des deux partenaires se retire unilatéralement, laissant l'autre dans un état de manque brutal, sans espoir de pouvoir renouveler son stimulus endorphinogène.

Le manque dû à l'après-réaction est proportionnel à l'ampleur de la réaction. En clair, plus on voit son partenaire souvent, plus la libération d'endorphines est forte et plus l'après-réaction sera importante. Si l'« effet Coolidge » assure la régulation du manque, qui diminue progressivement avec le temps, l'ocytocine, elle, prolonge l'action des endorphines et intervient pour empêcher l'effet de désensibilisation (qui, autrement, en cas de toxicomanie par exemple, impose l'administration de doses de plus en plus fortes de morphine pour produire le même état[104]). Un peu d'ocytocine assure donc le maintien d'un « effet plaisir » important pendant plus longtemps, ce qui n'est pas négligeable, mais il faut accepter, du même coup, que les processus opposants restent, eux aussi, très actifs plus long-temps : si le partenaire s'éloigne, même pour quelque temps, pendant cette première phase de l'histoire d'amour, la contre-réaction et l'effet de manque seront considérables.

La dépendance, c'est nécessaire

On connaît la dépendance induite par la toxicomanie, le jeu, le pouvoir, l'argent : toutes ces addictions, comme l'amour, font intervenir les circuits de récompense. Néanmoins, le lien amou-reux est le seul exemple qui fournisse une explication physiolo-gique possible pour l'existence dans le cerveau du système de processus opposants. La notion de dépendance paraît nuisible dans tous les cas, sauf dans celui du lien entre deux partenaires pour lesquels il faut justement créer une dépendance réciproque pour mener à bien une mission reproductive. Redoutée dans l'usage de la drogue, la dépendance est le but recherché dans l'état amoureux. D'une certaine façon, l'addiction revient à « tom-ber amoureux » des sensations procurées par la drogue[87]. On pourrait presque dire que toutes les formes de toxicomanie résul-tent de l'exploitation en commun du système cérébral qui sert à la formation d'un couple uni.

— *Dans un second temps*, après la stimulation maximale de la dopamine liée à la nouveauté du partenaire et la libéra-tion d'endorphines accompagnée, ou non, de syndrome de manque, les jours et les semaines passant, la libération de la dopamine s'amoindrit. Les récepteurs aux endorphines se désensibilisent peu à peu pour retrouver un niveau de plaisir auprès du partenaire qui soit compatible avec les activités de la vie courante, car il faut bien aller travailler même quand on vit en couple... Déjà, à ce stade, la folie commence à passer : si les histoires d'amour ne finissent pas forcément mal, elles finissent en débouchant sur une autre forme d'amour, qui sera celle de la durée.

C'est donc la libération des endorphines, puis la tolérance qui empêche petit à petit de ressentir les effets de ces mêmes endorphines qui expliquent une autre caractéristique de l'état amoureux : sa durée limitée. Bien qu'on puisse devenir très lié à un partenaire et rester toute sa vie avec lui, la période excitante de l'amour ne dure pas, en partie sans doute à cause de la tolérance aux endorphines. Il faut alors compter sur l'ocytocine, laquelle inhibe précisément l'installation de la tolérance : plus on fait des efforts pour stimuler l'autre et plus l'amour dure longtemps...

Amour papillon ou amour pépère ?

Les circuits de récompense ne fonctionnent pas de manière identique chez tout le monde, ce qui explique, entre autres, que certains soient plus vulnérables que d'autres à la toxicomanie. Si on fournit à des rats en cage la possibilité de s'administrer de l'alcool ou des amphétamines par simple appui sur un levier, on constate ainsi que certains deviendront vite « accros », appuyant sur le levier sans cesse et oubliant même de manger, tandis que d'autres n'appuieront que de temps en temps et continueront, par ailleurs, de mener une vie normale de rats en cage.

On le sait aujourd'hui, la surproduction d'un neurotransmetteur, d'un récepteur ou d'une enzyme peut changer le seuil d'activité dans une zone du cerveau. De fait, chez les rats qui semblent rechercher dans leur environnement la nouveauté, la variété et la stimulation émotionnelle, on a pu constater que l'activité dopaminergique dans le noyau accumbens, qui fait partie des circuits de récompense, était plus élevée que chez les autres[105].

Tout comme il existe des rats chercheurs de sensations et des rats calmes, les êtres humains pourraient bien se diviser en deux grandes catégories : les « chercheurs de sensations » d'une part et les « gens calmes » d'autre part. Du coup, compte tenu de l'importance des circuits de récompense dans le comportement amoureux, on aurait aussi deux grands types d'amoureux : ceux qui s'installent et pratiquent l'amour pépère et ceux qui ont constamment besoin de sensations fortes et préfèrent l'amour papillon.

Pour prolonger la première phase de l'histoire, la phase de la folie et des sensations fortes, il faut donc se séparer de l'autre et ne se voir que de temps en temps, si on veut que, à chaque fois, le pic de dopamine soit aussi élevé et les récepteurs aux endorphines aussi frais qu'au tout premier jour. Pour ceux qui ont des projets à long terme avec la même personne, le moment est venu, en revanche, de faire l'apprentissage de la complicité...

CHAPITRE 5

À quoi sert la jalousie ?
De la conquête à la possession

Selon les données biologiques de l'attraction, l'amour constituerait une sorte de contrat entre un homme et une femme. Ce contrat précise qu'en échange de ressources apportées par un homme pour assurer l'alimentation, l'abri et la protection d'elle-même et de ses enfants, une femme met à sa disposition exclusive son utérus. Cet arrangement a été « négocié » par l'évolution pour le plus grand succès reproductif de chacun des participants compte tenu des différences entre les sexes, dans des conditions de vie difficiles et dangereuses. Aujourd'hui, bien sûr, les conditions de vie ont changé : les femmes ne dépendent plus automatiquement des hommes pour leurs « ressources » et fort heureusement une mère célibataire ne se trouve pas automatiquement en situation de danger. Demeurent néanmoins des conduites et des instincts liés aux conditions primitives qui sont encore inscrits dans nos gènes et qui, encore aujourd'hui, se retrouvent à l'origine de certains comportements amoureux.

LES DANGERS DU BRACONNAGE

« Tomber amoureux » n'est que le début du parcours. Pour les hommes, il ne servirait à rien de tomber amoureux, de fournir des ressources et de se priver d'autres aventures sexuelles si, en moins de temps qu'il ne faut pour le dire, leur partenaire se faisait inséminer par un autre mâle, les laissant cocus, trompés, en train d'investir leurs ressources dans l'éducation d'enfants qui ne sont pas les leurs. Il existe en tout homme un mal-être existentiel lié au fait qu'il ne saura jamais avec certitude s'il est réellement le père biologique de ses enfants. Aujourd'hui dans une société qui prône la générosité et où l'adoption est valorisée à juste titre, de telles inquiétudes paraissent injustifiées, mais, en termes biologiques, cela reste une question essentielle. Pour la femme, l'enjeu n'est pas le même, mais l'idée de perdre les ressources que représente l'homme de sa vie continue à la rendre anxieuse. Dès lors, entre euphorie et déprime, les deux partenaires restent toujours vigilants sur le comportement de l'autre.

Et le risque est bien réel... Les premières années que l'on passe avec un partenaire correspondent en général aux années de jeunesse et, donc, de grande fertilité. Pendant cette période, nos mécanismes de reproduction sont au mieux de leur fonctionnement, y compris les mécanismes de communication entre les sexes, ce qui implique que nous restons sensibles aux charmes de ceux que nous croisons en chemin. Les chiffres du divorce le confirment d'ailleurs : le taux le plus élevé se situe, en effet, après 5 ans de mariage (3,5 divorcés pour 1 000 habitants) et quand on sait que, parmi les divorcés, 66 % des femmes et 80 % des hommes se remarient, force est de constater le « redéploiement des troupes » ou le « braconnage de partenaires » (*mate poaching*) qui s'opère pendant ces premières années de vie de couple[106]. Le taux de divorce reflète un premier type de braconnage : ce qui est alors visé, c'est une relation stable auprès du partenaire enlevé, mais il existe un second type de braconnage dont l'objectif est une relation de courte durée. Ce dernier est apparemment assez fréquent, car, selon les études et les zones géographiques, le taux d'aventures extra-conjugales se situerait entre 20 et 50 %[107].

Le jeu de la séduction ne s'arrête pas quand on est en couple

Sur 173 étudiants et 66 adultes âgés de 30 à 65 ans, la moitié (50 % exactement) des participants hommes et femmes disaient avoir essayé au moins une fois de séduire quelqu'un qui était déjà dans une relation stable et 85 % des hommes et des femmes disaient avoir été l'objet de tentatives de séduction[106].

Nécessairement, cet état de fait a induit, chez les deux sexes, un certain nombre de mécanismes destinés à prévenir le départ du partenaire : d'abord, la vigilance, une méfiance sous-jacente mais permanente qui permet de surveiller l'autre de très près ; ensuite, une grande sensibilité à tout indice permettant d'anticiper sur une perte potentielle ou imminente ; enfin, tout un répertoire comportemental de tactiques pour empêcher l'autre de partir. Ces différents éléments, bien sûr, composent l'ensemble de ce qu'on appelle la jalousie.

JALOUSES ET JALOUX

L'intensité du sentiment et des comportements de jalousie n'est pas la même pour les hommes et les femmes. On peut l'expliquer en termes biologiques : l'infidélité du partenaire n'aura pas les mêmes effets matériels sur une femme que sur un homme. Avoir l'exclusivité de « sa » femme est primordial pour l'homme : s'il devait la partager, il risquerait de perdre la possibilité de se reproduire. En revanche, si une femme devait partager son mari avec une autre, elle vivrait peut-être moins bien, mais la survie de ses enfants n'en serait probablement pas compromise. Cette différence conduit à penser que la jalousie masculine et la jalousie féminine sont différentes par nature, puisque la valeur des enjeux est différente. La jalousie ne prend pas la même ampleur chez l'homme et la femme, et elle est éveillée par des événements différents.

Deux types de comportements chez le partenaire suscitent la jalousie : l'infidélité sexuelle (le fait d'avoir des rapports sexuels avec quelqu'un d'autre) et l'infidélité émotionnelle, où le rapport sexuel est moins essentiel que l'investissement en temps et en émotions. La première est plutôt à prédominance masculine, alors que la seconde est majoritairement féminine[108].

En effet, pour l'homme, la disponibilité sexuelle exclusive de sa femme est extrêmement importante et l'infidélité sexuelle sera considérée comme beaucoup plus grave que l'infidélité « émotionnelle » ; une femme, en revanche, attendra de l'homme non pas l'exclusivité de son sperme, mais de ses ressources. Théoriquement donc, elle trouvera plus grave que son homme commence à passer du temps et à se lier affectivement avec une autre femme, car il risque alors, fidèle à une stratégie toute masculine, de couvrir de cadeaux la personne qui mobilise son affection[109] et il y aura dans ce cas division des ressources à son désavantage.

Les chiffres semblent bien montrer qu'il y a une différence très significative entre les réponses des hommes et celles des femmes : 60 % des hommes (contre seulement 17 % des femmes) supportaient très mal l'option rapport sexuel passionné, alors que 83 % des femmes ne voulaient absolument pas imaginer leur partenaire en train de s'attacher à une rivale potentielle[110]. Cette différence suivant les sexes se retrouve dans les deux grands types de stratégies mises en œuvre par

---

Quel type de jaloux(se) êtes-vous ?

Pensez à une relation amoureuse intense (vous l'avez vécue par le passé, vous la vivez en ce moment ou vous espérez la vivre un jour) et imaginez, soudain, votre amoureux(se) en train de s'intéresser sérieusement à quelqu'un d'autre. Qu'est-ce qui vous causerait le plus de peine dans cette situation ?

— D'imaginer votre amoureux(se) en train de s'attacher à quelqu'un d'autre ?

— D'imaginer votre amoureux(se) en train d'avoir un rapport sexuel passionné ?

(Attention : une seule réponse autorisée !)

---

les hommes et les femmes afin d'empêcher que le cauchemar ne devienne réalité : la méfiance envers certaines catégories de personnes et les tactiques de rétention.

Cerner son meilleur ennemi...

Il semble que les hommes et les femmes se sentent davantage menacés par ceux et celles qui les surpassent dans les valeurs liées à la désirabilité de leur propre sexe[111]. Les études menées en Corée, aux États-Unis et aux Pays-Bas ont montré partout que les hommes se sentaient davantage menacés par des rivaux qui les dépassaient en revenus, plans de carrière ou force physique qu'en beauté physique. En revanche, les femmes n'étaient pas gênées par des rivales qui étaient mieux payées ou qui avaient plus de force, mais elles étaient mal à l'aise par rapport à des femmes plus belles de visage et de corps. Les tactiques utilisées par chaque sexe pour retenir son partenaire découlent des menaces ressenties : les femmes mettent en avant leur beauté et les hommes leurs ressources matérielles. Notons néanmoins qu'il existe des différences de degré dans la réaction jalouse selon les cultures : les Hollandais, par exemple, sont très jaloux de rivaux dotés d'un plus grand sens de l'humour...

Retenir son partenaire

On s'est beaucoup intéressé aux tactiques déployées par les jaloux. Une étude[112] a notamment proposé à 214 personnes mariées de répondre à un questionnaire où étaient recensées 19 tactiques connues pour retenir un partenaire[113]. Les questions posées permettaient de déceler l'utilisation la plus fréquente de telle ou telle tactique et d'estimer le nombre de fois où certains actes avaient été effectués. Parmi les propositions : « je l'ai appelée par surprise pour voir avec qui elle était », « je ne l'ai pas emmené à une soirée où il y avait d'autres filles », « j'ai passé tout mon temps libre avec elle pour l'empêcher de voir d'autres gens », « je l'ai embrassé quand il y avait d'autres femmes autour », « je lui ai offert un bijou pour lui montrer qu'elle m'appartenait », etc., l'objectif était de savoir quelles étaient, parmi toutes les tactiques de rétention recensées, celles qui étaient le plus volontiers utilisées par chacun.

Quand la menace se fait sentir, chaque camp met en avant les atouts qui sont jugés irrésistibles par l'autre camp. Les hommes font étalage de leurs ressources (cadeaux, dîners au restaurant, etc.) ou alors font des démonstrations de leur puissance et de leur influence auprès des collègues ; les femmes, elles, se font belles, histoire de rappeler à l'autre pourquoi il est là. Certaines tactiques de crise sont néanmoins plus inattendues. Ainsi les hommes ont tendance dans ce genre de moments à se soumettre à la volonté de la femme (genre : « il m'a dit qu'il allait changer » ou « il fait mes quatre volontés ») : ce qui ne les empêche pas, en accord avec leur jalousie sexuelle prédominante, de proférer aussi des menaces contre leurs rivaux. Les femmes, en revanche, vont émettre des « signaux de possession verbale », terme utilisé par les chercheurs pour désigner des conversations, du genre : « j'ai dit à mes copines combien on s'aime tous les deux » ou « j'ai dit aux autres femmes qu'il était pris ».

Évidemment, tout le monde ne met pas la même fougue à appliquer les tactiques pour retenir son partenaire. Plus la femme est jeune et belle, plus son mari craint qu'elle le trompe et plus la jalousie sera forte chez lui. Une précision, toutefois : quand on consulte quelqu'un d'autre que le mari, la beauté n'apparaît plus corrélée aux tactiques de rétention. Autrement dit, la jalousie est fonction, non pas de la beauté canonique, mais de la beauté aperçue subjectivement par le mari... Pour

---

Les 19 tactiques de rétention
les plus employées chez les couples mariés
(d'après Buss *et al.*, 1997)

1. Être vigilant (« Elle veut savoir avec qui je suis à chaque minute »).
2. Cacher son partenaire (« Il ne veut plus que je voie ma famille/mes amis »).
3. Monopoliser le temps de l'autre (« Elle veut qu'on passe tout notre temps ensemble »).
4. Provoquer la jalousie chez l'autre (« Tu as vu comment elle m'a regardé toute la soirée » ?).
5. Punir la moindre menace d'infidélité (« Si tu regardes cet homme encore une fois, tu rentres toute seule et à pied »).
6. Pratiquer la manipulation émotionnelle (les pleurs, la colère, le dégoût).
7. Menacer de partir (« Tu n'auras qu'à danser avec elle toute la soirée car moi je m'en vais là »).
8. Critiquer ses rivaux (« De toute façon il est idiot, ce type » ou bien « Non, mais tu as vu sa cellulite sur les bras ? »).
9. Exhiber ses ressources (« On part à l'île Maurice cet hiver ? »).
10. Pratiquer la tentation sexuelle (« Tu trouves qu'il me va bien ce string ? »).
11. Se faire beau (se faire une nouvelle coiffure, changer de maquillage, s'épiler, mettre de l'autobronzant).

12. Proposer de l'amour et des soins (« Laisse-moi te faire un petit massage »).

13. Se soumettre aux souhaits de l'autre (« Bon, d'accord, on ira voir ta mère dimanche »).

14. Émettre des signaux verbaux de possession (mon chéri, ma petite caille, mon cœur, mon amour, mon bijou, mon chouchou…).

15. Imposer des signes physiques de possession (prendre la main de l'autre, lui tenir le bras pour traverser la rue).

16. Proposer des signes extérieurs d'appartenance (« Pourquoi tu ne veux pas mettre la cravate avec les nounours que je t'ai achetée ? »).

17. Déprécier l'autre (« Qu'est-ce que tu as eu comme chance de me trouver ! »).

18. Menacer verbalement ses rivaux (« Tu veux sa photo ? »).

19. Pratiquer la violence contre ses rivaux (rayer la carrosserie de sa voiture, donner le nom du rival sur un « chat » rose, distribuer des paires de claques).

les femmes, et c'était prévisible, le mari qui rapporte des richesses à la maison et dont l'ambition est intacte est celui qu'elles cherchent le plus à retenir.

Est-ce que je suis belle ?
Est-ce que tu m'aimes ?

Les hommes qui sont amoureux trouvent toujours que leur femme est belle et ils se battent pour la garder. À l'inverse, les hommes qui jugent que leur femme n'est pas très belle sont aussi ceux qui utilisent le moins de tactiques de rétention. On peut donc dire qu'un homme n'est plus amoureux de sa femme, non pas parce qu'il n'essaie pas de l'empêcher de partir avec un autre homme, mais parce qu'il juge qu'elle n'est pas belle. La perception de l'autre étant modifiée par l'état amoureux sous l'influence probable des messagers chimiques, demander à un homme si sa femme est belle revient à lui demander tout simplement s'il est amoureux d'elle.

JALOUSIE VERTE ET JALOUSIE NOIRE

La jalousie est donc liée à l'état amoureux et fait partie de l'ensemble des comportements mis en jeu dans la formation du couple. Pour autant, si on affine un peu l'analyse, on peut distinguer dans les manifestations de la jalousie deux sortes de tactiques de rétention. Il y a les tactiques « gentilles » comme les cadeaux, les caresses et les mots doux (en termes comportementaux : des renforcements positifs ou récompenses) et les tactiques « méchantes » (en termes comportementaux : des renforcements négatifs, ou punitions) comme les menaces, la bouderie et même les coups. Les premières sont l'expression d'une jalousie « constructive », une espèce de « jalousie verte* » destinée à maintenir l'intérêt des deux partenaires l'un pour l'autre[46]. La jalousie « noire » que manifeste le second ensemble de tactiques se déploie dans un rapport coercitif et repose sur des mécanismes neurophysiologiques qui sont, peut-être, mal adaptés et résultent d'une exagération des processus normaux de la jalousie. On a constaté en particulier que des tactiques de rétention comme « être vigilant », « cacher le partenaire » ou « déprécier le partenaire » étaient fréquentes au début de relations qui, plus tard, se révéleraient violentes. On a observé également que ce genre de comportement était particulièrement le fait des hommes.

---

* Pour les Anglo-Saxons, la jalousie est un « monstre aux yeux verts », appellation qui tire son origine de Shakespeare (« *O, beware, my lord, of jealousy ; It is the green-eyed monster which doth mock the meat it feeds on* », dit Iago dans *Othello*, Acte III, sc. 3, ce qu'on peut traduire par : « Gardez-vous de la jalousie ! C'est un monstre aux yeux verts qui nargue la proie dont il se repaît »).

Les gentils, les méchants, les gentils qui deviennent méchants...

La différenciation entre la jalousie verte et la jalousie noire commence à intéresser les chercheurs. Une équipe italienne a mis au point un questionnaire pour révéler le « score » de jalousie de chacun : on l'a appliqué à un groupe d'étudiants et à un groupe de gens souffrant de trouble obsessionnel-compulsif et dont l'obsession principale était la jalousie. Les scores ont permis de différencier entre les malades et les non-malades ; ils ont aussi révélé une population correspondant à 10 % des non-malades qui avait un score intermédiaire entre une forme de jalousie considérée comme normale et une forme de jalousie considérée comme symptômatique d'un trouble psychiatrique grave[114]. Il semble qu'il y ait un continuum dans les degrés de jalousie : on travaille actuellement sur les bases biologiques de la jalousie maladive, et il semble en effet que les systèmes dopaminergiques soient impliqués[115, 116], c'est-à-dire une partie des systèmes de récompense qui sont stimulés par l'ocytocine et par la présence d'un nouveau partenaire.

Imaginons que, lors d'une légère amplification de la stimulation des systèmes dopaminergiques excités dans l'état amoureux, on provoque les symptômes paranoïaques qui caractérisent la jalousie noire. Une telle situation est comparable à la stimulation répétée du système dopaminergique par l'amphétamine ou la cocaïne, qui conduit, on le sait, à des accès de paranoïa[117]. On peut très bien concevoir que, de même que certains sont plus vulnérables que d'autres à l'addiction, probablement à cause d'une plus grande activité dopaminergique dans le noyau accumbens (qui fait partie des systèmes de récompense[105]), il existe des individus dont le système dopaminergique est plus sensible aux effets stimulants de l'ocytocine. Émise en début de relation, cette hormone provoquerait une libération trop importante de dopamine dans les systèmes de récompense du cerveau, entraînant des symptômes de paranoïa pouvant entraîner des violences et même des meurtres[118, 119].

L'INSTINCT DE PROPRIÉTÉ

Disons-le clairement : l'instinct de propriété est typiquement masculin. Il correspond au « contrat d'amour » inscrit dans notre biologie selon lequel la femme garantit à l'homme l'utilisation exclusive de son utérus. Ce sentiment de possession chez l'homme a été abondamment décrit dans le cadre de la théorie biologique des stratégies de rétention du partenaire[120], mais il est à noter que, dans cette affaire, la culture vient au secours de la biologie : dans beaucoup de pays, un homme achète sa femme et, historiquement, l'adultère commis par une femme a longtemps et souvent été considéré comme un crime ; il l'est encore aujourd'hui dans certaines régions.

Dans la loi romaine, les traditions asiatiques et encore au Texas en 1974, une revanche violente de la part du mari en cas d'adultère était jugée légale. Notre prétendue civilisation avancée reste sous la direction d'un instinct masculin de propriété qui ne fait pas honneur aux hommes. Plus largement, la violence contre les femmes reste un problème majeur dans nos sociétés « modernes ». Étrangement, si différentes explications peuvent être avancées pour rendre compte du phénomène, toutes ont en commun une connotation sexuelle, qu'on en fasse un gage de virilité, un moyen de contrôle de la femme par l'homme, ou une manifestation de jalousie sexuelle. Au niveau de la société, cette même conception de la femme explique le viol en bande, l'exclusion des femmes de la sphère publique, la « guerre des sexes » dans sa globalité et la mise en avant de la vertu des femmes comme étant essentielle à l'honneur de la communauté[121]. On se croirait devant son poste de télé à l'heure des actualités !

La jalousie et ses manifestations mettent en relief une asymétrie fondamentale dans le couple amoureux. Cette asymétrie existe pratiquement partout dans les mondes végétal et animal dès que la reproduction se fait sexuellement : les femelles

Mais dans quel monde vivons-nous...

Chez les animaux, de nombreuses tactiques servent à retenir les femelles : on chasse les autres mâles, on met les femelles en troupeau pour pouvoir mieux les garder, on insère un bouchon de sperme pour empêcher l'accès aux organes de reproduction, on arrose la femelle de son odeur pour repousser les autres mâles, on prolonge le temps de copulation ou on reste attaché à la femelle après la copulation, ou on empêche la femelle de se rendre dans des endroits où se trouvent d'autres mâles. Malheureusement, les chercheurs ont identifié des tactiques parallèles chez l'homme, utilisées avec le même objectif : on met les femmes dans un harem gardé par des eunuques, on utilise des ceintures de chasteté, on pratique la mutilation génitale, on utilise la violence comme menace ou punition, ou alors on voile les femmes pour les mettre à l'abri du regard de l'autre.

fournissent les apports nutritifs nécessaires pour la reproduction. Chez l'être humain, la femme supporte la grossesse, l'accouchement et l'allaitement de l'enfant. Malgré le grand coût occasionné, c'est un immense avantage, car elle sait que ses gènes seront reproduits chaque fois qu'elle fera un enfant. L'homme, lui, doit trouver des moyens de placer son sperme. Certes, il est devenu grand et musclé par la sélection naturelle. Mais pourquoi ? Pour pouvoir rapporter plus de viande à la maison, nourrir les siens, les protéger et se rendre ainsi irrésistible auprès des femmes, ou bien pour mieux contrôler « sa » (« ses ») femme(s) ? On peut faire l'hypothèse qu'il y a contribution des deux motivations, et que chacune est plus ou moins importante selon la constitution génétique de notre homme. La jalousie verte traduirait alors la première tendance – l'homme utilise sa force pour protéger et augmenter ses sources de revenus – et la jalousie noire la seconde – la force sert à protéger la femme, surtout contre les assauts sexuels des autres hommes et avec un besoin très fort de contrôler la femme.

Travaillons pour l'avenir !

Les femmes ont tout intérêt à se protéger contre la jalousie noire, pour le bien de leur couple mais aussi pour construire une société plus équitable. Gare donc, aux hommes qui empêchent leurs compagnes de voir leurs ami(e)s et leur famille, qui imposent un mode vestimentaire à leur « femelle », qui sont menaçants ou qui punissent des « écarts » (la bouderie est une forme de punition courante). Mieux vaut choisir des partenaires qui ramènent des chocolats et des fleurs, qui font des compliments et des massages, qui invitent à dîner et qui, de manière générale, mettent les femmes en valeur. Si toutes les femmes refusent les hommes portés à la jalousie noire, la sélection naturelle et la culture feront le reste, et on assistera à un vrai changement dans la structure de la société. Il s'agit pratiquement d'un devoir citoyen(ne) pour les femmes. Haro sur le noir jaloux, donc, et vive le jaloux vert !

MONOGAMIE ET POLYGAMIE

Dans le monde animal, seuls 5 % des mammifères sont monogames. On ne peut donc pas dire qu'il est habituel dans toutes les espèces et pour tous les individus de former un couple : cette éventualité semble plutôt répondre à un besoin particulier. De fait, on constate que la monogamie est présente uniquement quand un parent seul n'arrive pas à assurer l'éducation de sa progéniture. Dans le cas de l'espèce humaine, la grossesse prolongée et la période de dépendance totale de l'enfant pendant au moins 2 ans empêchent le parent qui s'en occupe d'assurer pleinement, pendant toute cette période, les autres activités nécessaires pour fournir l'apport en nourriture, les soins, l'éducation, l'abri... Bref, il vaut mieux être deux et deux adultes pour que chacun mange à sa faim dans l'unité familiale et pour assurer le développement normal du petit. Concernant l'espèce humaine, la polygamie est pratiquée dans beaucoup de cultures, ce qui est probablement en rapport avec la structure sociale, l'aide entre générations ou entre femmes fournissant l'ensemble des soins aux enfants ; mais, même dans les sociétés monogames, les couples ne sont pas toujours fidèles : la stratégie optimale pour l'évolution consiste apparemment à « pratiquer la monogamie quand c'est nécessaire, et la polygamie quand c'est possible[92] ».

L'amour universel

Il ne faut pas confondre la polygamie et le mariage en général avec la capacité à tomber amoureux. Dans toutes les cultures, même celles qui prônent la polygamie, on tombe amoureux et tous les peuples connaissent le sentiment amoureux. Une étude menée auprès de 166 sociétés différentes a ainsi montré qu'il existait des activités liées à l'amour romantique dans 89 % des cultures ; dans les 11 % restants, les anthropologues avaient juste négligé de relever des données spécifiques concernant l'amour romantique[122]... Chez tous les peuples connus, on chante des chansons d'amour, on écrit des poésies d'amour, on raconte des mythes et des légendes fondés sur l'amour, on pratique la magie pour susciter l'amour et, dans des cas extrêmes, on se suicide par amour déçu. Les mécanismes qui contrôlent notre aptitude à tomber amoureux semblent donc bien antérieurs à l'existence des différents types de sociétés et des différents contrats de mariage.

La reproduction – l'objectif final de l'amour, mais sûrement pas le seul – résulte globalement de l'interaction d'un grand nombre de systèmes biologiques et culturels. Tomber amoureux constitue un seul de ces mécanismes, et l'importance de ses effets résulte de l'évolution de l'homme dans un environnement hostile, sans famille élargie, sans aide sociale, sans garantie aucune, où il s'est avéré que le couple était l'unité la plus efficace et la plus solide pour assurer la réussite reproductive de chacun. Chaque membre du couple a la même motivation pour assurer la survie de l'enfant (la transmission de ses propres gènes), donc la même motivation pour investir dans la formation et l'entretien du couple le temps nécessaire pour réaliser cet objectif.

Évidemment, le statut du couple dans notre espèce doit être très particulier car, chez nous, les mâles s'investissent beaucoup plus dans l'éducation des petits que dans toutes les autres espèces de primates. Il est probable que la compassion qui caractérise l'homme[75] joue un rôle important dans l'état amoureux comme dans tous les autres rapports entre humains. Cette compréhension de l'autre et de ses buts nous renvoie à une compréhension de nous-même vue par quelqu'un d'autre (je sais que tu sais que je sais...). L'amour a donc bien une autre fonction, celle d'assurer à un sujet la présence de cet autre dont il tire sa propre substance psychique, son moi profond et sa conscience de soi. D'où son besoin d'« autre » aussi fort que celui d'eau ou d'oxygène.

Une denrée périssable

La durée d'une histoire d'amour chez l'humain est estimée de 18 à 36 mois, ce que les chercheurs cyniques apparentent au temps nécessaire pour mettre au monde un enfant et l'élever. Il est entendu qu'un couple peut durer bien au-delà de cette limite, par le biais d'un renforcement du lien, une gestion sur le long terme avec une transformation progressive des rapports. Il y a une gestion du couple que nous verrons dans la prochaine partie, mais qui relève d'autres mécanismes impliqués dans la reproduction et la vie sociale. Tomber amoureux correspond à une période limitée : intense, émotionnelle et excitante qui dure dans la vaste majorité des cas à peu près trois ans. Cette période de trois ans est une sorte de minimum nécessaire pour la réussite de la mission, et tous les moyens sont mis en place pour qu'elle soit efficace.

LE PIÈGE

Les faits sont donc formels : l'amour existe dans les neurones et dans plusieurs circuits cérébraux programmés en vue d'effacer l'individualité et de promouvoir la vie en communauté avec quelqu'un d'autre pour quelque temps. La vraie question est en fait : à quoi sert donc l'amour, pour pouvoir entraîner tant de modifications que la nature accepte et même favorise ? Pourquoi faut-il mettre en branle tant de circuits neuronaux pour changer la perception de l'autre ? Pourquoi est-il besoin de créer une véritable dépendance de son partenaire ? Pourquoi se met-on à trouver subitement délicieux des petits travers de comportement qui, normalement, nous agacent ? Pourquoi en vient-on à penser de manière obsessionnelle à l'autre, oubliant les amis, la famille, le travail et toutes les préoccupations habituelles ?

Nous avons déjà évoqué la difficulté que nous avons, tous, en général, à changer nos habitudes de vie. Or le changement de vie qui intervient avec la formation d'un couple est un changement important. En l'occurrence, on change non seulement de vie, mais aussi de rôle et de statut : on ne doit plus faire de projets pour soi-même, mais pour le couple dont on fait partie.

Considérons l'affaire froidement. Quand on est amoureux, c'est comme si on nous demandait d'abandonner notre liberté, nos choix de vie, notre temps libre, l'accès à nos ressources personnelles pour en disposer comme bon nous semble. Et tout ça pourquoi ? Pour mettre au monde un bébé, c'est-à-dire supporter une grossesse, avec les anxiétés habituelles concernant la santé, l'intelligence et la beauté de l'enfant ; grossir et, dans beaucoup de cas, ne jamais retrouver sa ligne de célibataire ; souffrir au moment de l'accouchement et apprendre à s'occuper d'un petit qui va d'abord, nous réveiller trois fois par nuit, puis consommer une partie considérable de nos revenus et nous empêcher de sortir le soir pour nous amuser avec les copains et, enfin, devenir un adolescent bouder qui critique tout et n'aime rien... Pourtant, quand l'enfant arrive, la magie opère et tous ces désavantages apparaissent comme des détails mineurs : on ne perçoit plus que son sourire, sa douceur, son odeur si envoûtante et rien ne nous permettait d'imaginer le bonheur de sa présence avant sa venue au monde. D'une certaine façon, la nature a été obligée de nous tendre un piège pour nous mener sur le chemin de la reproduction.

Une fois qu'un homme et une femme se sont rapprochés, qu'ils sont en confiance l'un avec l'autre, il existe des mécanismes qui rendent l'acte sexuel irrésistible. Seulement, chez l'humain, la copulation seule ne suffit pas pour assurer la reproduction : il faut d'abord former le couple qui va être solidaire du petit, et pour que le couple se forme, il faut le piège de l'amour. La folie amoureuse est justement là pour faire de l'autre la personne la plus désirable au monde, pour nous amener à croire qu'on ne peut plus vivre sans elle, pour nous jeter dans ses bras le plus souvent possible, bref pour que la suite de l'histoire puisse avoir lieu.

Et, vous le savez comme moi, ça marche !

Troisième partie

LA CRISTALLISATION

« Tant qu'on n'est pas bien avec ce qu'on aime, il y a la cristallisation à solution imaginaire : ce n'est que par l'imagination que vous êtes sûr que telle perfection existe chez la femme que vous aimez. Après l'intimité, les craintes sans cesse renaissantes sont apaisées par des solutions plus réelles. Ainsi le bonheur n'est jamais uniforme dans sa source. Chaque jour a une fleur différente. »

STENDHAL, *De l'Amour.*

CHAPITRE 6

La gestion de l'amour

On dit qu'on « tombe » amoureux, peut être parce que ça vient tout seul et sans prévenir, mais la suite de l'histoire d'amour demande une contribution intellectuelle des deux participants si elle doit finir bien. Le divorce existe dans toutes les cultures : en France, on en prononce environ 120 000 par an, et aux États-Unis, plus d'un million. Les couples se marient vers l'âge de 26 ans, et la plupart des divorces interviennent quatorze ans plus tard, autour de la quarantaine. Toutefois, la séparation n'est que l'ultime étape, facultative de surcroît, d'un processus qui en compte plusieurs. La vie d'un couple se construit généralement sur plusieurs années et très souvent autour d'un projet d'enfant, même aujourd'hui. Avant que la rupture survienne, si elle doit survenir, il y aura eu les premières années conduisant à la naissance des enfants, puis la vie de famille et, enfin, le départ des enfants devenus grands.

POURQUOI ON QUITTE L'AUTRE, OU PAS ?

L'évolution a soigneusement façonné le corps humain dans les conditions de vie précaires qu'il a connues pendant des millions (pour nos ancêtres) et des milliers (*Homo sapiens*) d'années, afin de le rendre efficace pour sa survie et sa reproduction. Si tel n'avait été le cas, nous ne serions pas là pour le raconter. Un grand nombre de nos comportements s'expliquent donc par la programmation génétique de ces deux fonctions vitales pour l'espèce.

Néanmoins, il y a un gouffre entre les conditions de vie sur terre d'il y a 10 000 ans et celles du monde occidental au XXIe siècle après J.-C. Nul besoin de faire un catalogue des différences, il suffit de constater le résultat qui est flagrant : avec des conditions de plus en plus aisées, on a obtenu un allongement de plus en plus important de la durée de vie moyenne de l'être humain. Rien qu'en un seul siècle, celle-ci a augmenté d'environ trente ans. Or une longue durée de vie est un signe de civilisation. Non seulement parce que c'est la culture qui permet la production d'aliments abondants et hygiéniques et le développement de la médecine, mais aussi parce qu'on échappe ainsi à la sélection naturelle : l'évolution assure les mécanismes de la reproduction de l'adulte, et de la survie de l'enfant, mais une fois que les enfants sont autonomes, l'évolution se lave les mains de notre devenir et toute la partie de la vie qui vient après l'âge reproductif n'y est pas liée. Ce qui arrive à un corps après l'âge reproductif ne peut avoir d'influence sur le succès de la reproduction des gènes, car les jeux sont faits : soit les gènes sont déjà passés à la génération suivante, soit ils ne passeront pas, et ce qui est exprimé par eux après cette période ne changera pas grand-chose à l'avenir de l'espèce.

Si la biologie guide nos pas pour chercher un partenaire et faire naître un sentiment amoureux, pour optimiser les

---

Aïe, aïe, aïe...

Un couple sur cinq se brise avant cinq ans de mariage. La grande majorité des divorcés ont entre cinq et vingt-cinq ans de vie commune. Dans 73 % des cas, c'est la femme qui demande le divorce[123]...

---

chances de copulation et d'éducation des enfants jusqu'à leur autonomie, il est moins sûr que l'évolution ait mis en place des « comportements types » pour « après » : dans les conditions primitives, il ne devait pas y avoir beaucoup de suites possibles entre la fin de la période de reproduction et la mort. Même si on admet la thèse suivant laquelle la ménopause serait un mécanisme évolutif destiné à permettre une meilleure éducation des petits-enfants (ce qui implique une longue période de survie entre la reproduction et la mort), il n'empêche que la mission spécifique du couple est terminée, et son maintien ne relève plus que de mécanismes culturels.

Passé une certaine étape, c'est donc à nous de créer une partie des règles pour la suite de l'histoire et de prendre des décisions de manière consciente. Au fil des générations, ces règles s'inscrivent dans la culture et deviennent la norme d'une société donnée ; elles se communiquent à travers la famille et les amis, d'où l'importance de leur avis sur le sujet de notre histoire d'amour. Si on prend le taux de divorce comme mesure de réussite des stratégies pour faire durer le couple, on aperçoit bien cette importance de la culture dans la réussite, puisque les taux de divorce varient d'un pays à l'autre.

On divorce plus au nord qu'au sud
(D'après www.divorcereform.org)

Pays	Divorces pour 1 000 habitants par an
Russie	4,3
États-Unis	4,1
Royaume-Uni	2,6
Suède	2,4
Allemagne	2,3
Pays-Bas	2,1
France	2,0
Portugal	1,9
Grèce	0,9
Espagne	0,9
Italie	0,6

On retrouve encore ce même « effet culturel » dans l'évo-lution des chiffres depuis les années 1970 : le nombre de divorces a doublé en trente ans, avec une progression cons-tante dans le pourcentage de demandes par consentement mutuel, et une baisse inversement proportionnelle dans les demandes pour faute.

Restons optimiste, pourtant : si environ un tiers des mariages en France se terminent par un divorce, cela veut dire que les deux autres tiers se terminent par la formation d'un couple « solide » et, après l'âge de 60 ans, le divorce est très rare. Essayons donc, par l'analyse des données psychologiques et sociologiques, d'extraire les facteurs qui déterminent la réussite d'un mariage ou d'une vie de couple.

Les temps changent

(source : ministère de la Justice, S/DSED, Répertoire général civil)

ANNÉE DU DIVORCE	TOTAL	CAS DE DIVORCE					
		Total	Consentement mutuel			Faute	Rupture de la vie commune
			Total	Requête conjointe	Demande acceptée		
1976	59 190	100	9,7	8,0	1,7	89,6	0,7
1977	70 019	100	34,4	26,8	7,6	62,8	2,8
1978	72 903	100	39,2	30,0	9,2	58,6	2,2
1979	77 207	100	43,6	33,3	10,3	54,5	1,9
1980	79 689	100	47,9	36,5	11,4	50,4	1,7
1981	86 159	100	52,4	39,9	12,5	46,1	1,5
1982	92 348	100	51,6	39,0	12,6	46,9	1,5
1983	97 070	100	52,0	39,2	12,8	46,7	1,3
1984	102 432	100	51,8	39,1	12,7	47,0	1,2
1985	105 962	100	50,5	37,5	13,0	48,3	1,2
1986	106 709	100	51,2	37,6	13,6	47,7	1,1
1987	104 997	100	51,3	37,3	14,0	47,5	1,2
1988	106 079	100	51,5	36,9	14,6	47,2	1,4
1989	105 648	100	52,9	39,6	13,3	45,5	1,5
1990	105 891	100	53,8	40,1	13,7	44,7	1,5
1991	104 615	100	54,1	40,7	13,4	44,4	1,5
1992	107 885	100	54,4	41,0	13,4	44,2	1,4
1993	110 872	100	54,2	40,9	13,4	44,3	1,5
1994	116 072	100	54,9	41,7	13,2	43,6	1,5
1995	120 027	100	55,4	42,0	13,3	43,2	1,4
1996	117 716	100	55,6	42,1	13,5	42,9	1,5
1997	116 617	100	55,3	41,1	14,2	43,1	1,6
1998	116 831	100	56,0	41,8	14,3	42,3	1,7
1999	117 494	100	55,6	41,4	14,2	42,8	1,7
2000	114 620	100	57,0	42,6	14,4	41,4	1,6
2001	113 618	100	60,4	47,3	13,1	38,3	1,3

COMMENT ON « SE FAIT » À L'AUTRE

Nous l'avons vu, l'amour est une drogue, et le cerveau se modifie sous son influence : on est dans un rêve où le partenaire sélectionné a toutes les qualités et aucun défaut... Or personne, évidemment, n'est parfait, et nous avons tous des défauts. La question est de savoir ce qui vient après cette phase d'aveuglement : est-ce que la désillusion est inévitable, avec comme corollaire le désamour ? Cela serait d'autant plus cruel que cette désillusion, qui nous laisse l'impression désagréable de ne pas être avec la « bonne » personne, arriverait au moment où on est piégé par l'arrivée d'un enfant... Pire : à en croire les dernières études sur la question, le rôle de l'illusion serait plus important qu'on ne le pensait jusqu'ici, dépassant de loin l'action qu'on lui attribue au début, quand on tombe amoureux. Nos illusions ne résulteraient pas du hasard ; elles reposeraient, en fait, sur ce que nous attendons d'une histoire d'amour et poseraient les bases idéales de notre relation en devenir. Si notre partenaire n'a évidemment aucune chance d'égaler notre modèle et d'arriver à la hauteur de nos espérances, nos idéaux constituent néanmoins l'objectif, le « couple idéal » de nos rêves, ce vers quoi nous tendons grâce aux processus dynamiques mis en œuvre dans la formation du couple.

À deux, on est toujours trois

Un couple n'est pas une entité constituée de deux individus avec leurs caractéristiques propres : le couple est une troisième entité qui résulte des échanges entre les deux individus. Il est une entité indépendante de ses deux membres, et il évolue avec le temps en fonction des influences extérieures, de l'évolution individuelle de chacun des partenaires et, enfin, en fonction de lui-même, c'est-à-dire de l'entité « couple ». Par ailleurs, un couple n'est jamais fini, car les individus s'adaptent progressivement à leur milieu extérieur et à leur partenaire, ce qui entraîne des changements dans la façon de réagir à l'autre. Bref, un couple c'est dynamique par nature[124] !

Étape 1 : il faut le croire pour le voir

Si on admet que la solidité du couple résulte non seulement des qualités et des défauts intrinsèques de chaque partenaire mais aussi, et pour une part non négligeable, de la qualité de leurs échanges, on commence à comprendre comment intervient l'illusion.

Au début de la vie à deux, grâce à l'état amoureux, chacun est dans une situation où les défauts de l'autre sont minimisés. Quand, avec le temps, on devient conscient du problème, on s'installe dans un mode de communication qui inclut le mépris et l'agressivité. L'autre, en réaction au mépris et à l'agressivité qui lui sont manifestés, devient défensif et coléreux (après tout, il n'a pas changé, alors pourquoi est-ce que vous vous mettez tout d'un coup à lui faire tous ces reproches !). En revanche, si on conserve les illusions propres à l'état amoureux, le nombre de situations et d'échanges potentiellement conflictuels diminue automatiquement.

Il peut paraître un peu osé de suggérer que les couples vivent dans un cocon où l'illusion est reine, et qu'ils ignorent des défauts chez leur partenaire que leur famille et leurs amis voient et déplorent. On entend plus souvent dire que des rapports solides demandent une connaissance des défauts et des qualités de l'autre. Alors comment, dans les faits, se débrouille-t-on pour concilier la vérité et l'illusion ? Il semble que la solution réside dans notre besoin primordial de maintenir un sentiment de sécurité entre nous et l'autre. Il ne sert à rien de se focaliser sur le fait que notre partenaire est têtu et introverti ; on se sécurise donc en créant une sorte de fiction qui met en avant ses points forts et minimalise ses points faibles. On « décide », par exemple, que sa façon d'être est signe d'une certaine force de caractère.

De nombreuses études confirment que nous embellissons les aspects positifs de l'autre et que nous atténuons ses aspects négatifs. Les couples qui pratiquent le plus cet artifice sont ceux qui sont les plus « satisfaits » de leur relation[124]. Attention, toutefois, cet « arrangement avec la vérité » n'est que le début : le meilleur reste à venir car, en modifiant notre perception, nous modifions aussi notre façon de réagir à l'autre et ce sont ces actions-réactions à deux qu'on trouve à la base de la dynamique de couple.

Étape 2 : la grenouille devient prince(sse)

Au cours du temps et lors des aléas de la vie, l'illusion est souvent mise à l'épreuve ; on peut imaginer deux issues possibles quand les épreuves s'enchaînent.

— *Dans la première version, à fin triste*, arrive un moment où l'illusion s'effondre, soit que, dans une situation critique, l'autre ne fait vraiment plus le poids, soit que nos yeux s'ouvrent brutalement sur les gros déficits qui n'avaient pas été trop visibles jusque-là car l'illusion et l'absence de mise à l'épreuve nous avaient permis de les ignorer. Dans ce cas de figure, on ne peut pas éviter à l'autre de se rendre compte de ses propres faiblesses, ce qui lui ôte le sentiment de sécurité que lui procurait jusqu'alors le couple. La succession de deux ou trois épreuves ratées entraîne forcément une dégradation dans la qualité des échanges entre les deux partenaires avec, en dernière extrémité, la brisure de complicité et la fin du couple.

— *Dans la seconde version de l'histoire d'amour évolutive*, à fin heureuse, l'illusion en elle-même, si elle est assez forte, pousse l'autre à se dépasser et à fournir des performances au-delà de ses capacités « de base », car le fait d'être mis sur un piédestal le rassure, lui donne confiance en lui et par conséquent lui permet de prendre des risques allant dans le sens souhaité. Dans ce second cas, les illusions deviennent réalité : par notre attitude positive et encourageante, nous avons aidé l'autre à devenir le « partenaire de nos rêves ». C'est le baiser allégorique qui transforme la grenouille en prince(sse), phénomène connu des psychosociologues sous le terme d'« effet Michel-Ange ».

L'effet Michel-Ange

Le sculpteur Michel-Ange disait que, quand il regardait un morceau de marbre, il voyait d'emblée très clairement la forme qui allait en sortir : son travail consistait simplement à révéler cette forme aux autres. Dans le cas du couple, il semble de manière similaire que les partenaires aient en tête une image préconçue de leur partenaire et de leur couple idéal dès le début de leur relation : ils ont des « idéaux ». La suite est presque automatique : en récompensant les bonnes réactions, et en agissant comme si l'autre était tel qu'on le souhaite, celui-ci finit par le devenir[125]. Néanmoins, deux conditions sont nécessaires au bon déroulement de l'effet Michel-Ange : il faut que les idéaux soient présents, et il ne faut pas que l'écart entre l'illusion et la réalité soit trop grand. Évidemment, l'existence d'idéaux suppose à la base qu'il y ait un réel souhait de vivre une relation de couple…

Il est normal que l'on forme des idéaux avant même de trouver un partenaire : la relation intime que l'on vit à deux occupe une part importante de la vie, et cette importance se manifeste dans toute notre culture où les exemples de couples dans la littérature, le cinéma, le théâtre, les sitcoms, etc. abondent. Nous avons donc tout loisir pendant nos années d'apprentissage de réfléchir au genre de couple que nous aimerions former. Certes, la recherche d'un partenaire se fait d'abord selon des lois « biologiques » : les hommes commencent par rechercher la jeunesse, la beauté et la fécondité chez les femmes, tandis que les femmes se préoccupent du statut social et des ressources des hommes. D'ailleurs, quand on interroge des couples déjà formés sur les qualités du partenaire idéal, ces deux critères de base (beauté/santé ; statut social/ressources) se retrouvent encore, mais d'autres viennent s'y ajouter comme l'aptitude à l'intimité, la loyauté et la passion[126]. Une fois qu'on a choisi un partenaire pour ses qualités personnelles, on exige donc, en plus, des qualités permettant l'évolution favorable du couple.

Méfiez-vous des célibataires...

Les idéaux servent de « note maximale possible » pour évaluer notre couple ; en même temps, ils servent pour faire évoluer le couple car ils fournissent le standard auquel on aspire. Bien entendu, l'évaluation varie en fonction d'influences diverses : on a tendance à revoir à la baisse ou à la hausse l'évaluation de notre propre couple en fonction de notre évaluation d'autres couples qui nous entourent et plus particulièrement en fonction de la présence dans les environs d'autres partenaires potentiels qui seraient porteurs de qualités se rapprochant de celles de nos idéaux. Pour vivre heureux en couple, il faut bannir la compagnie des célibataires.

Étape 3 : la magie, c'est fragile

Ainsi, on accommode les qualités de son partenaire à la sauce « illusion » pour garder une attitude positive concernant celui-ci. Bien sûr, l'illusion n'est pas sans limites, et on estime qu'au-delà d'un certain écart entre la réalité et le rêve l'illusion ne pourra plus fonctionner et qu'alors nos yeux s'ouvriront. Cela se traduit par une modification des rapports entre les partenaires : le nombre d'« interactions négatives » augmente au détriment des « interactions positives ». Les chercheurs mesurent ces interactions en provoquant des conversations neutres ou conflictuelles, puis en notant la tonalité de l'intervention chaque fois que chacun prend la parole. Sont considérées comme positives les tonalités de joie, de curiosité, d'affection ou d'humour, et négatives les tonalités de colère, de mépris, de tristesse ou de peur. On a trouvé statistiquement que les couples mariés se satisfont d'une relation où les interactions positives sont au moins cinq fois plus fréquentes que les interactions négatives[127].

Cela étant, on ne peut pas espérer vivre une relation où il n'y aurait que des interactions positives, car la rencontre entre deux individus implique l'existence de points de conflit dans la vie en commun. En cas de conflit, deux possibilités se présentent : soit l'un des partenaires se plie à la volonté de l'autre, soit il y a discussion (souvent très animée) sur la meilleure façon de faire. *A priori*, la première solution paraît la plus paisible, et on pourrait s'attendre à ce qu'elle soit adoptée dans les couples les plus solides.

Le choix entre les deux options n'est pas anodin : l'attitude des partenaires lors de la discussion d'un sujet conflictuel est un bon indicateur de la « santé » du couple[128]. À cela près qu'un comportement donné peut indiquer une bonne santé du couple au moment de l'action, mais un mauvais pronostic pour l'avenir...

L'avenir du couple, c'est la crise

Dans une étude menée auprès de 25 couples étudiés à l'aide de questionnaires fondés sur des échelles psychologiques, on a montré que l'engagement dans un conflit était très sain et augurait de bonnes relations futures ; en revanche, les comportements indicateurs de défense, d'obstination ou de rétraction (plus particulièrement de la part des maris) semblaient indiquer une mauvaise évolution future du couple.

En vérité, les comportements adoptés pour tranquilliser l'autre et empêcher le ton de monter à la maison sont très recommandés pour la paix du ménage à court terme, mais si on ne se permet jamais d'affronter la zone conflictuelle de face avec l'autre, on prend le risque de laisser pourrir une situation au lieu de la résoudre une fois pour toutes et de vivre plus sereinement après la bataille. Les scientifiques estiment qu'il vaut mieux « vider son sac », même si le résultat immédiat implique une mauvaise ambiance à la maison. Dans le même temps, il ne faut pas que des conflits trop répétitifs et trop violents provoquent ensuite un refus catégorique (défense, obstination, rétraction) de s'engager dans la moindre discussion conflictuelle et bloquent toute possibilité d'évolution du couple.

La façon de conduire les conflits est donc un point clef de la réussite d'un mariage, d'un concubinage ou d'un partenariat romantique. C'est tellement vrai qu'on peut même prédire le succès d'une union en fonction des réactions émotionnelles des deux partenaires quand ils sont en conflit, en particulier pendant les trois premières minutes de discussion[129]. La meilleure solution est donc d'affronter les sujets conflictuels, mais en surveillant les émotions exprimées pendant le conflit.

La maîtrise : le minimum de base

S'il est recommandé, pour l'harmonie du couple à long terme, d'aborder les sujets qui fâchent, cela ne signifie pas qu'on a le droit de dire toutes les méchancetés qui nous passent par la tête. Il faut toujours arrêter une dispute avant d'être débordé par ses émotions et de sentir ses hormones du stress s'emballer[130]. Les couples heureux sont ceux qui apprennent à ne pas dire tout ce qui leur passe dans la tête.

Heureusement, le temps fait bien les choses et l'art de l'interaction conjugale se peaufine avec les années. La résolution des conflits se pratique davantage sur un mode aimable chez les couples de personnes âgées[131]. Sur ce point, au moins, on se bonifie avec l'âge !

CE N'EST PAS CE QUE TU AS DIT, C'EST TA FAÇON DE LE DIRE

Une interaction est d'abord positive ou négative par la qualité de l'information qu'elle véhicule (ce qu'on dit). Toutefois, le poids de positivité ou de négativité peut être accentué ou allégé par la nature émotionnelle de l'échange (notre façon de le dire).

Dans l'absolu, un point de conflit devrait pouvoir être abordé avec des émotions positives (humour, affection, curiosité), et c'est d'ailleurs le cas des couples qui ont appris à gérer les tensions, mais, le plus souvent, on se laisse aller dans ces moments-là à des émotions négatives (colère, mépris, tristesse, peur).

Or toutes les émotions négatives ne se valent pas dans les conflits conjugaux. La colère et le mépris sont admissibles en cas d'interactions négatives, car ils provoquent à long terme

Quelle approche sera la plus efficace ?

— « J'ai mis de l'essence dans ta voiture… Tu sais, ils en vendent dans les garages avec les bonbons à la menthe que tu aimes bien… » (humour) ou bien « J'ai mis de l'essence dans ta voiture : j'ai encore failli tomber en panne… » (colère) ?

— « Tu as oublié le pain… ta journée a été difficile ? » (affection) ou bien « Tu as encore oublié le pain ? ! » (mépris).

une amélioration de la satisfaction conjugale (surtout quand ils sont exprimés par la femme). En revanche, l'expression de la tristesse et de la peur (toujours chez la femme) est toujours néfaste à long terme[128].

Vous me direz que la colère et le mépris provoquent une atmosphère très désagréable à court terme, car personne n'aime les attaques directes, mais ce sont néanmoins des modes « combatifs » : ils sont destinés à défier une position adverse et peuvent produire une évolution des deux points de vue à l'issue du « combat ». En revanche, la tristesse et la peur qui sont d'autres émotions négatives n'expriment pas le défi, mais la soumission, l'abandon de poste, sans qu'il y ait évolution de l'un ou l'autre point de vue. La tristesse et la peur sont les signes qu'une relation est morte et que la complicité a été rompue.

Les cinq clés de l'intimité

La force de l'attachement dépend de la capacité de chacun des partenaires à s'impliquer dans une relation intime. Cette capacité globale résulterait principalement des compétences suivantes : savoir demander de l'aide, savoir donner de l'aide, savoir être à l'aise avec quelqu'un d'autre, savoir être autonome et savoir négocier[132].

Conseils
pour ne pas rater sa vie de couple

Si on résume l'ensemble des données psychosociologiques concernant la réussite d'un mariage, un certain nombre de facteurs semblent importants, car tous jouent un rôle dans la durée constatée du mariage.

1. Commencer la vie à deux avec une idée préconçue de ce qu'on en attend : il vaut mieux avoir un vrai projet de vie à deux avec de vrais objectifs (enfants, lieu de vie, mode de vie, rôles partagés). Quand on sait ce qu'on veut, on peut toujours y arriver ou, du moins, s'en approcher. Quand on ne sait pas, on se plie à la volonté de quelqu'un d'autre et, un jour ou l'autre, on est forcément insatisfait et mécontent de ce qui nous arrive.

2. Éviter de former un couple avec un partenaire qui nous fait peur : la peur est l'émotion qui empêche le plus sûrement la complicité. Si on appréhende d'aborder des points conflictuels avec l'autre, on a peu de chances de réussir sa vie de couple.

3. Se concentrer sur les points forts de son amoureux(se) et essayer de minimiser les points faibles : c'est quelque chose qui vient naturellement quand chacun a pour ambition de construire un couple solide.

4. En cas de désaccord, se résigner à défendre son point de vue, même de manière animée. Si l'un des deux partenaires ressent des signes de détresse (battements de cœur accélérés, transpiration), c'est que la dynamique du couple est apparemment mauvaise. Il serait plus sage, dans ce cas, de consulter un psychologue conjugal pour que chacun apprenne à formuler autrement son point de vue.

5. Faire l'effort de résoudre les problèmes, même quand on est un homme et qu'on a tendance à fuir les débats animés : le retrait systématique entraîne à la longue un sentiment d'injustice.

6. Se rappeler que, dans tous les couples heureux, il reste toujours environ 10 points de désaccord qui ne seront jamais réglés. Changer de partenaire, c'est simplement changer les dix points de désaccord !

CHAPITRE 7

Personnages et caractères

Il existe des règles pour une bonne hygiène de vie à deux ; elles relèvent dans l'ensemble du sens commun, et elles sont, aussi, validées par les psychologues. Évidemment, il est plus ou moins facile pour les uns et les autres de les suivre, c'est une question de personnalité, ce qui pose deux questions : y a-t-il des personnalités plus aptes que d'autres à aborder avec succès les conflits qui rythment la vie en couple et y a-t-il des combinaisons de personnalité plus aptes que d'autres à former un couple heureux ?

L'ENNEMI DU COUPLE : LE PESSIMISME

Diverses méthodes permettent de mesurer la personnalité : la plus simple consiste à évaluer, à l'aide de questionnaires, l'« émotionnalité », c'est-à-dire l'ensemble des affects positifs et négatifs. Les affects négatifs indiquent une grande réactivité à tous les stimuli qui provoquent la peur, l'anxiété et la colère ; les affects positifs, eux, caractérisent les gens facilement heureux, ceux pour qui la vie est une chose agréable qui mérite d'être vécue. Nul besoin d'être sorcier pour deviner que les affects négatifs ne sont pas propices au bonheur à deux et que l'idéal en la matière est que les deux partenaires en soient totalement dépourvus.

Pourquoi il faut positiver

Avoir un caractère négatif entraîne qu'on réagit mal au moindre problème relationnel. Qu'on ait une sensibilité trop forte aux critiques mineures ou qu'on ait peur de perdre l'autre à la suite d'un flirt innocent, et voilà que l'anxiété se déclenche, créant une atmosphère de méfiance ou de peur, ce qui n'induit guère à l'optimisme. Inversement, plus le niveau d'affectivité négative est faible chez les deux partenaires et plus la qualité et la satisfaction du couple sont grandes[133].

Pour expliquer la moins bonne réussite des mariages où l'un des deux conjoints présente un caractère névrotique (qui manifeste plutôt des affects négatifs), on a invoqué la propension de ce dernier à provoquer des situations stressantes pour nourrir son attitude négative : un tel mode de fonctionnement aurait pour conséquence la production continue de circonstances difficiles (chômage, maladie, problèmes financiers, etc.) lesquelles finissent, plus ou moins vite, par nuire à l'évolution du couple et entraînent souvent le divorce.

C'est une évidence, me direz-vous : les affects négatifs sont nuisibles pour le mariage alors que les affects positifs sont plutôt constructifs. Bien que soupçonnée pour la première fois en 1938[134], longtemps cette vérité n'a pas pu être démontrée, les chercheurs n'arrivant pas à isoler les traits de personnalité d'un ensemble d'autres variables qui semblaient également jouer un rôle sur le devenir des couples

---

L'effet Michel-Ange (suite et fin)

L'« effet Michel-Ange » (voir aussi p. 121) fonctionne aussi bien dans un sens négatif que dans un sens positif : au lieu de stimuler les qualités de l'autre par son attitude positive, on peut provoquer la dégradation des rapports de couple par une attitude franchement négative (par rapport à l'autre, à l'amour, au mariage)[136].

(l'environnement pendant l'enfance, l'histoire sexuelle, la démographie, etc.). Ce n'est qu'en 1987[135], à la suite d'une impressionnante étude qui a permis de suivre 300 couples sur une période de quarante ans, qu'on a pu confirmer définitivement le rôle déterminant de la personnalité des partenaires dans la réussite d'un couple. L'effet délétère de l'affectivité négative sur le succès marital est aujourd'hui attesté dans plusieurs cultures et par différentes méthodes d'analyse.

Peut-on éviter les conflits ?

Si l'angoisse est le grand ennemi du bonheur conjugal, la similitude de personnalités est-elle à l'inverse le meilleur gage de sérénité et de durée pour un couple ? Y a-t-il moins de risques de discorde quand les points communs sont plus nombreux ? L'hypothèse est actuellement à l'étude, mais force est de constater que, pour le moment, elle n'est pas vraiment validée : seul le fait d'être extraverti semble un élément significatif quand il est présent chez les deux partenaires, et encore pas de façon très marquée, puisqu'on a juste trouvé que la corrélation entre le taux d'extraversion des deux conjoints est plus grande chez les couples qui restent mariés que chez les couples divorcés[137].

Prenons le problème un peu différemment : les individus qui se ressemblent auraient-ils malgré tout moins de prétextes à se disputer et moins de raisons de rompre, ou bien chaque personnalité cherche-t-elle son complément pour combler ses propres faiblesses, l'extraverti étant plus heureux avec un introverti et un dominant avec un dominé ? Malgré les nombreuses études menées sur la question, rien ne permet de soutenir cette hypothèse non plus. Tout ce qu'on peut affirmer, et nous en avons déjà parlé avec le choix du partenaire (voir chapitre premier), c'est que les couples se ressemblent : nous sommes majoritairement attirés par quelqu'un qui est comme nous. Une étude conduite sur 118 couples non mariés et 216 couples mariés a montré que non seulement les traits de personnalité que l'on souhaite trouver chez son partenaire sont les mêmes que ceux qu'on possède soi-même, mais qu'on finit en règle générale avec quelqu'un doté de la même personnalité que soi[55].

Le secret de l'amour réside donc, du moins en partie, dans l'application de deux règles simples : 1. l'optimisme vaut mieux que le pessimisme ; 2. les personnalités semblables se retrouvent en couple, sans qu'on puisse dire si c'est par calcul ou si c'est bénéfique pour la suite de l'histoire (pour le savoir, il faudrait étudier l'importance des différents traits de caractère dans la réussite d'un parcours amoureux, ce qui n'a toujours pas été fait exhaustivement au jour d'aujourd'hui, mais dont on trouve une ébauche dans les expériences qui suivent).

LE SECRET DE L'AMOUR : LE TRAVAIL

Pour pouvoir disséquer plus finement les effets de la personnalité sur la qualité d'un couple, on a mis au point une classification, le *Big Five*, qui compte cinq grandes caractéristiques résumant chacune différents traits de personnalité. Il s'agit de : extraverti, agréable, consciencieux, névrotique (ce qui correspond à l'affectivité négative des études précédentes) et ouvert aux nouvelles expériences, ou curieux.

Plus finement encore, on a cherché à mettre en rapport ces cinq grands traits de caractère avec les trois composantes essentielles de l'amour que sont l'intimité (le sentiment chaleureux de proximité et de lien), la passion (l'attraction physique et le désir sexuel et romantique) et l'engagement (une intention ferme à court ou à long terme de maintenir un rapport amoureux)[138]. Les résultats obtenus sont surprenants à première vue, mais pas tant que ça si on réfléchit un peu...

Les différentes formes d'amour

L'amour peut prendre différentes formes, depuis l'amitié jusqu'à la passion folle, selon la manière dont se combinent l'intimité, l'engagement et la passion :
– l'affection : intimité seule,
– l'engouement : passion seule,
– l'amour vide (correspond au devoir) : engagement seul,
– l'amour romantique : intimité + passion,
– l'amour de compagnie harmonieuse : intimité + engagement,
– l'amour sot : passion + engagement,
– l'amour achevé : intimité + passion + engagement.
NB : Dans le cours d'une relation qui comptait, au départ, ces trois éléments, l'importance respective des ingrédients peut varier et un déséquilibre trop fort briser l'amour.

Une question de devoir

Une étude menée auprès de 126 étudiants amoureux[139] a permis de mettre en rapport les sentiments amoureux et les traits de personnalité grâce à deux questionnaires, le premier évaluant l'importance des trois constituants de l'amour triangulaire[140] dans les sentiments de chacun, le second détectant les cinq grands traits de personnalité[141].

Si on se fie aux données brutes obtenues, seul le trait de caractère « consciencieux » est lié à l'amour, aussi bien chez les hommes que chez les femmes. Les gens consciencieux s'appliquent à la réussite de leur relation amoureuse avec le même sens du devoir qu'ils apportent aux autres défis de la vie : ce sont des « travailleurs motivés » dans leur couple exactement comme dans leurs études et leur travail[139]. Aucun autre trait de caractère (le fait d'être extraverti, agréable, curieux ou névrotique) n'est corrélé de manière statistiquement significative au sentiment amoureux.

Partant de cette première constatation, on a cherché ensuite à décortiquer plus finement les résultats pour déterminer ce qui, de l'intimité, la passion et l'engagement, pouvait être rattaché au trait de caractère « consciencieux ». Et il est apparu que pour les femmes comme pour les hommes, c'étaient les trois aspects de l'amour qui étaient concernés !

Il n'est pas difficile de comprendre en quoi le fait d'être consciencieux est de bon augure pour le niveau d'engagement envers un partenaire ; de même, le rapport avec l'envie d'intimité, s'il peut paraître *a priori* plus surprenant, est tout aussi compréhensible à la réflexion. L'intimité n'est pas seulement associée aux câlins, aux caresses et au partage de secrets ; elle comprend également une forme de dévotion, qui se manifeste par le désir de favoriser le bien-être de la personne aimée, le besoin de pouvoir compter sur l'autre en cas de difficultés ou l'envie de le soutenir émotionnellement[142]. Autrement dit, l'engagement et l'intimité sont deux dimensions de l'amour qui requièrent de l'effort, du sacrifice, de la négation de soi – caractéristiques qu'on retrouve précisément chez les personnes consciencieuses.

Le lien entre la passion et le fait d'être consciencieux, en revanche, est plus embarrassant, car on se dit spontanément que la passion est indépendante de toute volonté ou de tout effort. Se pourrait-il alors que le consciencieux se rende tout simplement mieux compte de son bonheur et qu'il soit mieux organisé et plus obstiné dans la poursuite de son objectif ? Comme la persévérance implique de mettre régulièrement en rapport les objectifs et la situation du moment et que la passion est un indice important de l'amour, le consciencieux aurait à tout moment le doigt sur le pouls de sa passion et ferait le nécessaire pour maximiser cette passion en accord avec l'amour de ses rêves. S'il n'est pas certain que les consciencieux aient des passions plus fortes que les autres, il est probable, en revanche, qu'ils soient plus conscients de leur passion.

Un couple qui dure, ça se mérite

Enfin on arrive aux idées nobles et pures que l'on associe à l'amour dans les poèmes et les romans et qui font tellement défaut dans les hypothèses sociobiologiques sur l'amour ! Tout se passe comme si l'amour vrai chez l'être humain venait dans le prolongement du couple après la « bataille » de la reproduction : une sorte de prix d'excellence pour ceux qui se donnent les moyens de leurs ambitions. Ce résultat semble indiquer que l'amour de longue durée n'est pas quelque chose qui arrive à tout le monde, mais seulement à ceux qui sont prêts à y travailler, certains étant avantagés dans ce travail par leur personnalité consciencieuse. Et les efforts sont payants[139] ! Quand on mesure la satisfaction liée à l'histoire amoureuse et qu'on relie l'indice de satisfaction aux traits de caractère, ce sont, une fois de plus, les consciencieux qui arrivent en tête et qui sont les plus satisfaits de leur relation. Inversement, les gens les moins consciencieux sont aussi ceux qui sont les moins satisfaits de leur relation amoureuse, qui menacent le plus de partir et qui pratiquent le plus l'infidélité[55, 143]...

LES RÉACTIONS FACE AU STRESS :
LES TYPES A ET B

À l'origine, ces deux « types », les types A et B, ont été décrits en 1959 par des cardiologues qui avaient remarqué que les patients souffrant de maladies cardio-vasculaires étaient principalement ceux qui montraient les caractéristiques suivantes[144] : tendance prononcée à la compétition, agressivité marquée, impatience, rapidité de parole et de gestes. Il est avéré aujourd'hui que ce type de réactivité comportementale est associé à un risque de maladies coronariennes deux fois plus élevé en moyenne que le type B, qui définit des personnes plus calmes, plus patientes, peu ou pas agressives et, d'une manière générale, beaucoup plus détendues[145]. Par rapport au type B, le type A libère davantage d'hormones liées au stress en cas de mauvaise nouvelle, de situation conflictuelle, d'accident mineur... et de contretemps, quel qu'il soit, et comme le niveau des hormones du stress est directement lié à la pression sanguine et au taux cardiaque, on comprend sans mal le lien avec les maladies cardio-vasculaires.

Faites-vous du bien : écoutez-vous !

On parle de dominance au sein d'un couple quand il existe une asymétrie dans la capacité d'un des partenaires à écouter et tenir compte de l'avis de l'autre[146]. Ce comportement dominant est associé à l'agitation et à la parole forte et, par conséquent, à une augmentation de la pression sanguine et du taux cardiaque. À l'inverse, la prévenance, ou l'écoute attentive, est associée à une baisse du taux cardiaque et à un ralentissement d'autres activités cardio-vasculaires[147]. Un comportement d'écoute attentive de la part de son partenaire semble donc avoir un effet positif et jouer un rôle apaisant[148].

Seulement voilà : il est apparu aussi que tous les types A ne courent pas les mêmes risques et que le risque de maladie cardio-vasculaire chez un ou une type A n'est pas le même selon les rapports conjugaux. Certain(e)s époux(ses) joueraient-ils (elles) un rôle de tampon entre les événements fâcheux de la vie quotidienne et les réactions pathogènes du corps ?

Pour le savoir, on s'est intéressé au comportement des individus de type A et de type B pendant un conflit conjugal[149]. Les résultats sont éloquents : si les deux membres d'un couple étaient de type A, il y avait davantage de comportements de type dominants et hostiles que ceux observés entre deux époux de type B, ou entre un mari de type A et une femme de type B. Précisons toutefois que, dans le cas d'une femme de type A et un mari de type B, le niveau d'hostilité était intermédiaire, ce qui suggère non seulement qu'une femme de type A n'est pas aussi dominante et hostile qu'un homme de type A, mais aussi qu'un mari de type B n'est pas aussi apaisant qu'une femme de type B. De toute évidence, nombre de traits inhérents à chaque sexe n'ont pas été mesurés dans cette étude, alors qu'ils jouent un rôle primordial dans une dynamique de couple.

Du stress au divorce !

Un état émotif exacerbé pendant le conflit, avec augmentation du taux cardiaque et de la transpiration, est mauvais signe pour le couple. Deux types A dans un couple qui ne s'écoutent pas mais qui parlent tous les deux en même temps, provoquant chacun chez l'autre, à la façon d'un cercle vicieux, des décharges d'adrénaline en escalade, doivent frôler des taux cardiaques dangereux à chaque dispute. Ce sont sûrement les meilleurs candidats au divorce rapide.

Est-ce à dire qu'il faut impérativement choisir avec soin un partenaire de type B si l'on est soi-même un type A ? Oui, plutôt. Mais n'est ce pas inadmissible, me répondrez-vous, que l'un des deux partenaires soit obligé de prendre en charge la responsabilité de l'état émotionnel du couple ? Si, je vous le concède. Évidemment, comme les types A et B ne sont pas des traits de personnalité, mais des modes réactionnels, on peut peut-être s'entraîner à devenir moins A et plus B, mais il reste difficile de casser des comportements de nature répétitive comme ceux que l'on pratique typiquement pendant le conflit conjugal. Dans ce genre de circonstances, tout se passe comme si le dialogue et le scénario étaient préécrits : « il suffit d'appuyer sur un bouton » et tout se déclenche ; l'émotion tue la raison, et c'est uniquement « à froid » que chacun pourra expliquer ses réclamations... Mieux vaut donc peut-être, malgré tout, préférer la solution du mariage A + B, mais rassurez-vous : si tous les couples ne partent pas avec les mêmes chances, selon les traits de personnalité des deux partenaires et l'association des deux ensembles de traits, tous les couples, les bons comme les moins bons, sont obligés d'attendre d'affronter les épreuves de la vie pour vraiment voir fonctionner ensemble les personnalités des deux partenaires.

Quelques signes d'alerte (bons et mauvais)

1. L'affectivité négative est néfaste, aussi bien pour le partenaire que pour le couple. Un partenaire qui s'angoisse pour tout, même pour les choses sans importance, montre un comportement mal adapté qui risque d'entraîner des conditions de vie difficiles. Attention aux angoissés ! Vivre à leur côté ne sera pas facile !

2. La colère est très dangereuse quand elle est émotive : celui qui tremble, qui sent battre son cœur et qui transpire pendant les discussions doit savoir que ce sont des signes de divorce imminent.

3. Le meilleur atout en termes de personnalité pour réussir une histoire d'amour est d'être consciencieux. Regarder les bulletins scolaires du futur compagnon pourrait être le meilleur moyen de s'assurer avant de s'engager. C'est un peu théorique, c'est vrai, il y a plus d'une différence entre passer son bac et réussir son mariage, mais quand même...

CHAPITRE 8

L'amour médecin

À force de ne voir que les difficultés de la vie de couple, on finit par se demander ce que l'on fait ensemble, et on oublie, devant tous ces efforts à fournir, que les difficultés d'apprentissage de la vie à deux s'estompent souvent pour laisser place à un rapport harmonieux et enrichissant. Les personnes plus âgées règlent leurs problèmes avec beaucoup plus d'humour et d'affection que les jeunes couples[131, 150]. C'est le résultat de plusieurs années d'adaptation pour atteindre un fonctionnement optimal à deux. De toute évidence, le jeu vaut la chandelle, car la vie de couple, en plus d'être agréable en soi, a aussi des répercussions sur la physiologie. La recherche est formelle sur un point : l'amour, ou plutôt la vie de couple réussie, c'est bon pour la santé !

LE CÉLIBATAIRE EST PLUS FACILEMENT MALADE

L'observation des effets de l'amour sur la santé ne porte pas uniquement sur des paramètres subjectifs comme le bonheur et l'appréciation de la vie – même si beaucoup d'études ont été menées pour les évaluer et que, dans quasiment tous les cas, le mariage y est vu sous un jour favorable : les gens mariés ou en couple sont plus heureux que les célibataires : d'après des données épidémiologiques, le taux de mortalité pour toutes les causes examinées est également plus faible chez les gens mariés que chez les gens non mariés, qu'il s'agisse de célibataires ou d'anciens mariés divorcés, séparés ou veufs[151]. Cela est vrai pour des maladies cardio-vasculaires, le cancer et la dépression, mais aussi, par exemple, pour la pneumonie, la grippe, les maladies du foie et des poumons : autant de maladies dont on relève des données objectives, qui ne sont pas « jugées » par le sujet lui-même et qui, donc, fournissent des indicateurs de santé fiables.

Bien sûr, le simple fait de dire « oui » devant le maire ne suffit pas pour profiter des bienfaits de la vie de couple : il faut aussi que la vie à deux se passe bien. Un des exemples les plus significatifs vient d'une étude menée auprès de 174 patients sous dialyse qui souffraient de maladies graves du rein. On a constaté, pour ceux qui se disaient satisfaits de leur relation amoureuse, une baisse de 29 % de la mortalité lors de la visite de contrôle trois ans après le début du traitement, contre une hausse de 49 % du risque de mortalité chez ceux qui avaient jugé négativement leur relation au début de l'étude. De même, une visite de contrôle effectuée sur 292 patients cinq ans après un « événement coronaire sévère » a révélé une incidence trois fois plus grande de deuxième événement coronaire chez les femmes qui avaient rapporté des troubles relationnels sévères lors du premier et cet effet néfaste du stress conjugal était deux fois plus important que l'effet du stress au travail. Dans l'ensemble des études de ce genre, l'absence de relation de couple ou l'existence de mauvais rapports constituent un risque aussi élevé pour la santé que le tabac et l'alcoolisme.

PLUS ON EST DE FOUS... MIEUX ON SE PORTE

Une partie des effets bienfaisants du mariage, ou plus largement du couple, tient sans doute à des raisons économiques : deux personnes vivant ensemble coûtent moins cher que deux personnes vivant séparément. Néanmoins, l'effet persiste au-delà du contrôle des facteurs économiques : vivre à deux structure davantage les habitudes alimentaires et hygiéniques, lesquelles contribuent au bien-être général. La vie commune n'est d'ailleurs pas l'unique manière de rendre profitables les contacts interpersonnels : les rapports sociaux, et pas seulement le rapport particulier au sein du couple sexuel, ont globalement un effet très positif sur la santé.

L'être social vit plus longtemps

Si on en croit les études prospectives qui contrôlent le niveau basal de santé des participants, il y aurait augmentation du risque mortel chez les personnes ayant une faible quantité, et quelquefois une faible qualité, de relations sociales. D'autres études expérimentales ou quasi expérimentales menées sur l'être humain et l'animal font, elles aussi, apparaître l'isolement social comme un facteur de risque majeur de mortalité pour une gamme très large de maladies[152].

Dans les études traitant des bienfaits des relations sociales sur la santé sont évidemment inclus le conjoint, mais aussi les amis, la famille élargie et les membres de groupes sociaux auxquels on appartient (Église, association, etc.), mais il semble bien que le fait de nourrir une relation privilégiée avec une personne donnée joue un rôle particulièrement important pour atténuer l'impact des facteurs stressants[153]. Avoir un partenaire serait donc éminemment souhaitable pour mieux affronter les situations stressantes de la vie quotidienne...

DE L'AMOUR
AUX CELLULES IMMUNOCOMPÉTENTES

Nous l'avons vu (voir p. 135), la qualité des rapports entre partenaires a des effets immédiats sur les paramètres cardio-vasculaires comme le rythme cardiaque et la pression arté-rielle. La répétition de conflits menés de manière agressive provoque l'augmentation de ces paramètres, entraînant des perturbations qui ne sont pas limitées dans le temps à la période conflictuelle, mais qui tendent à se généraliser à toutes les situations stressantes. À l'inverse, une écoute attentive semble avoir l'effet inverse et les personnes bénéficiant d'un rapport harmonieux présentent une réactivité cardio-vasculaire moindre à tous les stress de la vie courante[154].

Tel serait donc le moyen par lequel les contacts sociaux, et en particulier la présence d'un partenaire proche, agissent sur l'incidence de maladies de type cardio-vasculaire. Mais là ne s'arrêtent pas apparemment les bienfaits de la vie en société et du couple, puisqu'il semble aujourd'hui que le constat puisse être étendu à tous les types de maladies et qu'il existe une voie physiologique entre le bonheur conjugal et des mala-dies aussi diverses que le cancer du sein ou la cirrhose du foie.

Les trois systèmes

Dans le corps, il existe trois systèmes de communication reliant
le stress, les rapports sociaux et la bonne ou mauvaise santé qui
en résulte. Il s'agit du système neuroendocrinien, du système
cardio-vasculaire et du système immunitaire.

Outre son impact sur les maladies cardio-vasculaires le stress a
aussi pour effet d'inhiber l'activité du système immunitaire ; c'est
pour cette raison que nous tombons facilement malade quand
nous sommes stressé par le travail, les examens, un déménage-
ment ou des soucis financiers. En outre, les maladies guérissent
plus lentement avec plus de complications. Le mécanisme impliqué dans ces réactions au stress concerne une voie neurohor-
monale dans le corps qui relie l'hypothalamus à la glande surrénale, lieu de production des hormones du stress.

Vue sous cet angle, la socialisation serait un inhibiteur efficace
des excès de fonctionnement de cet axe, dont les effets se
feraient sentir sur les trois grands systèmes.

LE BIEN-ÊTRE, LE MAL-ÊTRE ET L'OCYTOCINE

On sait qu'une simple blessure à la patte d'un cobaye guérit si l'animal est maintenu en cage avec ses congénères et pro-
fite ainsi des contacts sociaux, mais qu'elle ne guérira pas si
on maintient l'animal isolé en cage. Cet effet spectaculaire
peut être expliqué par l'installation d'un « état hormonal positif » générateur de bien-être et de constitution de réserves, par
opposition à l'état d'alerte (état négatif) déclenché sous l'effet
des hormones du stress et caractérisé par le gaspillage des
réserves et l'installation de mal-être à long terme[155].

Pour faire basculer le corps en mode « bien-être », l'ocytocine serait un atout considérable. D'ailleurs, si on traite avec
de l'ocytocine un des cobayes blessés maintenu en isolement,

sa blessure guérit comme celles des cobayes qui profitent de la proximité et la stimulation sociale de leurs congénères. L'administration d'ocytocine produit des effets antistress visibles dans le comportement de l'animal et la diminution des hormones du stress mesurées dans son sang ; elle rend l'animal plus résistant à la douleur et provoque la libération d'hormones anabolisantes (restructurantes)[82].

Compte tenu du rôle bien connu de l'ocytocine dans la formation du lien parent-enfant, on peut considérer que cette hormone est aussi l'hormone de choix expliquant les bienfaits du lien social sur la santé. On a montré notamment que l'ocytocine est augmentée chez le rat par le simple contact social, et nous savons que beaucoup de stimuli plaisants comme la chaleur, le toucher, ou les vibrations font monter le taux d'ocytocine.

Un peu, beaucoup d'ocytocine...

Les liens sociaux s'établissent sur une période de quelques jours, voire quelques semaines, ce qui implique le besoin de stimuli répétés pour la mise en place du lien et des mécanismes bienfaisants. Il se trouve que, dans les expériences animales aussi, l'effet de l'ocytocine est d'autant plus grand que son administration est répétée sur une période de plusieurs jours.

L'ensemble de données scientifiques dont on dispose aujourd'hui indique donc les mécanismes par lesquels le contact social entraîne un sentiment de sécurité et de bien-être chez l'être humain, avec des répercussions intéressantes sur l'incidence d'un grand nombre de maladies et sur la mortalité. Néanmoins, cela ne montre en rien l'intérêt particulier du couple. Après tout, pourquoi ne pas vivre en colonies ou en grands groupes sociaux afin de jouir d'un plus grand nombre de contacts ?

ON EST TOUJOURS
LA MOITIÉ DE QUELQU'UN

Pour essayer de comprendre la formation du couple chez l'humain, on a étudié la mise en place des liens chez différents types de grands singes (nos cousins les plus proches, primates, comme nous) afin de voir pourquoi certaines espèces constituaient des groupes hiérarchisés, avec un mâle dominant, des mâles sous-dominants et un harem de femelles (hiérarchisées, elles aussi), tandis que d'autres faisaient du couple leur unité sociale de base. Trois types de liens très importants ont ainsi pu être dégagés : le lien enfant vers parent, le lien parent vers enfant et le lien entre le mâle et la femelle[156].

L'analyse des données disponibles semble établir que sur ces trois types de liens, seul l'attachement de l'enfant envers un parent est universel chez les grands singes, probablement parce qu'il est essentiel pour la survie du petit. Les deux autres types de liens n'ont pas la même force dans tous les cas étudiés. Ainsi l'attachement du parent pour l'enfant est moins systématique : dans de nombreuses espèces de primates, plusieurs adultes, même sans lien parental, montrent des comportements de soins envers les enfants et l'attirance d'un adulte pour un enfant peut conduire à un attachement, mais pas toujours ; il arrive aussi que les mères s'occupent des enfants de manière efficace et adéquate, sans qu'il y ait formation d'un lien particulier. Enfin, toujours chez les primates, le lien fort et spécifique entre deux partenaires sexuels est encore plus rare même s'il n'est pas réservé à l'humain, car les ouistitis, par exemple, forment également des couples attendrissants.

Le couple amoureux
n'est pas un apanage humain

Le ouistiti manifeste beaucoup de comportements semblables au comportement amoureux chez l'homme. Ils forment des couples très unis, se suivent de près, passent beaucoup de temps à se faire la toilette et, souvent, s'assoient côte à côte en entrelaçant leurs queues. Les chercheurs rapportent même que, au laboratoire, dans des tests de préférences, les couples préfèrent être ensemble, même si on propose à chaque partenaire d'être avec un autre adulte du même sexe ou du sexe opposé, voire avec leurs propres enfants[156].

La formation du couple sexuel ne dépend donc pas du lien enfant vers parent, car ce dernier existe dans toutes les espèces de grands singes, ce qui n'est pas le cas du couple sexuel. Comment expliquer ces différences de qualité de liens entre les espèces ? Les bases neuroendocriniennes qui déterminent l'attachement entre individus sont probablement les mêmes dans chaque cas, que ce soit pour le lien enfant/parent, parent/enfant ou couple. Cependant, étant donné que chaque type de lien répond à une situation particulière (le rôle de la mère envers un enfant n'est pas le même que son rôle envers son mari), il doit exister des réglages indépendants lors de la mise en place de chaque type spécifique. Le lien entre deux partenaires sexuels ouistitis ou hommes doit être considéré dans le contexte du système social et de l'environnement (sont-ils nombreux à vivre dans un espace limité ? combien et où sont les prédateurs ? y a-t-il autant de mâles que de femelles ? etc.). Dans chaque espèce, donc, le lien typique entre adultes a dû se développer en partie en fonction des conditions de vie particulières de l'espèce.

Retour aux campagnols

Nous avons déjà parlé de ces petits rongeurs (cf. chapitre 3) qui sont tantôt volages quand ils manquent de récepteurs à ocytocine (le campagnol des hauteurs) et tantôt très fidèles, quand ils en sont pourvus, avec leurs partenaires sexuels et leurs enfants (le campagnol des plaines). Or il se trouve que, dans les hauteurs, il y a surpopulation de campagnols, situation qui est propice à la promiscuité et l'« infidélité », tandis que, dans les plaines, les individus sont très dispersés, d'où l'évolution vers l'établissement, par le biais de l'ocytocine, d'un lien garantissant, dans le cas des femelles, la présence d'un mâle près de soi pour l'éducation des petits et, dans le cas des mâles, la présence d'une femelle à disposition pour se reproduire. La situation des campagnols éclaire le drame de l'être humain qui vit aujourd'hui en ville (situation de proximité), mais qui a gardé les récepteurs à ocytocine qui le rendaient plus apte à une autre vie, isolé dans la campagne avec une seule personne pour se distraire...

À TROIS, ON FAIT TOUT DE SUITE FOULE

Dans l'espèce humaine, et à la différence de ce qu'on constate chez la plupart des autres primates, l'attachement de l'enfant à la mère appelle la réciprocité de la part de la mère de manière très forte, et si la formation de liens ultérieurs repose sur les mêmes mécanismes de base, il est possible que cette réciprocité en tête à tête entre la mère et l'enfant explique l'existence de couples humains plutôt que d'un groupe social hiérarchisé. Un tel modèle n'empêche en rien la formation d'autres liens tout au long de la vie, à commencer par le lien père/enfant, et certaines amitiés comportent aussi un sentiment amoureux, mais les liens chez l'humain semblent se créer toujours entre deux personnes, même au sein d'un groupe. D'où la difficulté des ménages à trois : il y a forcément déséquilibre dans les rapports, car trois personnes ne peuvent pas interagir « correctement » dans un mécanisme prévu pour deux. D'où également les bienfaits sur la santé de tous les rapports sociaux, qu'ils soient familiaux, amicaux ou associatifs, la structure dyadique de nos rapports mettant en jeu les mêmes mécanismes que le rapport mère/enfant ou le rapport entre deux partenaires sexuels et favorisant la libération de l'ocytocine pour inhiber les voies du stress.

D'une certaine façon, dans la nature humaine mais aussi animale, les trois types d'attachement – enfant/mère, mère/enfant et couple sexuel – sont opportunistes : ils prennent ce que l'environnement propose pour leur mise en place[156]. Ainsi un nouveau-né macaque, par exemple, s'attachera à une mère de substitution animée (chien) ou inanimée (cheval en plastique), si la vraie mère n'est pas présente[157]. Cette plasticité qui existe pour la formation du lien entre l'enfant et le parent doit être au moins aussi grande pour le choix d'un partenaire sexuel, ce qui permet de comprendre pourquoi on rencontre parfois des couples mal assortis, mais tout de même des couples !

LES ÉPILOGUES HEUREUX

Un couple peut être mal assorti, mais il existe le plus souvent, car l'être humain, de toute évidence, est fait pour vivre à deux. L'amour romantique n'est certainement pas un long fleuve tranquille : la première partie est imprégnée de folie et vécue comme une passion, avec des caractéristiques comportementales tellement exagérées qu'on ne peut que croire que cet état correspond à une phase essentielle dans les processus de reproduction. Par la suite, la seconde phase ressemble à une amitié très intime, avec une production d'ocytocine typique de tous les contacts sociaux, mais soutenue de manière privilé-

giée par les rapports sexuels (qui entraînent une grande libération de cette hormone).

Au fond, si les enfants sont la raison première du couple,
la vraie question devient alors : peut-on déterminer une fonction biologique du couple après la reproduction et l'éducation
des enfants ? Il y a bien l'éducation des petits-enfants, mais on
n'a plus besoin d'être en couple pour les aider. Non, il me
semble qu'à ce stade ce ne peut être que l'amour pour l'amour
et rien d'autre ; une façon de sublimer le corps dans l'état de
bien-être qui compose la situation biologique la plus proche
du nirvana que l'homme puisse atteindre. La transformation
réussie d'une histoire passionnelle partagée représente probablement le plus grand degré de complicité que deux personnes
peuvent réaliser pour la simple raison que les stimuli, les sensations et les expériences partagés ont modifié dans le même
sens le cerveau de chacun des deux partenaires, leur permettant de mieux en mieux se reconnaître en l'autre. On peut
donc y voir une sorte d'artefact des processus neurobiologiques mis en place pour l'amour passion qui n'aurait peut-
être jamais existé si l'homme, par sa culture, n'avait prolongé
sa vie bien au-delà de ce qui était naturel. En ce sens, l'amour
est bel et bien une spécificité humaine, d'autant que, pour le
réussir, on est obligé de continuellement aborder et régler des
situations potentiellement conflictuelles par un autre atout
uniquement humain : le dialogue. Mais il me semble que c'est
cela, précisément, l'amour.

QUAND L'AMOUR SE FAIT ATTENDRE :
LES POTIONS MAGIQUES

À l'arrivée, les plus chanceux d'entre nous auront donc
connu deux formes d'amour « noble » : l'amour-passion
d'abord, celui dont on se souvient avec le plus d'émotion, qui

sert à faire les enfants, mais qui repose aussi sur la négation
de soi et le goût de sacrifice et un autre amour, plus désinté-
ressé et spécifiquement humain, fondé sur la connaissance et
l'art du compromis, qui induit un bien-être durable et tranquille. Oui, mais les autres, me direz-vous ? Ceux qui espèrent
trop longtemps, ceux pour qui l'amour tarde à venir ? À tous
ceux-là, le dévoilement de la biologie de l'amour peut-il fournir
une recette pour le faire apparaître sur commande ? À partir
du moment où l'on sait que l'amour passion résulte de modifications dans la production et la libération d'hormones et de
neuromédiateurs, on peut toujours rêver de découvrir une
drogue qui induise par artifice l'état amoureux, mais doit-on y
croire ?

L'ensorcellement de l'autre

Devenir amoureux de quelqu'un, que ce soit par coup de
foudre ou après une période d'incubation un peu plus longue,
est un processus qui demande de la réciprocité : on émet un
message chimique qui doit être reconnu par l'autre pour
enclencher une série d'échanges verbaux et comportementaux.
Chaque étape, chaque va-et-vient renforcent l'installation de
l'état amoureux dans une reconnaissance partagée de valeurs et
d'idées, pouvant même s'accompagner d'une mise en commun
des génomes, ce qui consolidera la complicité grandissante.

Vouloir faire aboutir une histoire d'amour par une drogue,
c'est un peu comme vouloir mener à bien une grossesse chez
un homme : on pourrait provoquer artificiellement la nidation
d'un embryon, mais, par la suite, il faudrait, pour le nourrir,
des échanges continus que le père n'est pas en mesure de fournir. Comme pour cette implantation artificielle chez un récepteur inadéquat, on peut concevoir qu'une drogue entraîne chez
l'autre l'étincelle, mais le feu ne prendra pas s'il n'y a pas de
bois dans le foyer. L'amour ne peut être unilatéral : il résulte,
par définition, d'un processus dynamique d'échanges impli-

quant deux partenaires. On peut ressentir de l'admiration ou du désir pour un être qui ne sait même pas qu'on existe, ou qui le sait mais qui reste indifférent, mais, dans ce cas, les processus dynamiques ne s'enclenchent pas : il n'y aura pas d'amour en vue.

Du désir à l'amour : les outils traditionnels

Le désir peut éventuellement être une première étape dans la genèse de l'amour, mais il ne remplace aucunement la complicité et le partenariat très particulier qui caractérisent l'amour. Cette réserve faite, on doit admettre que tout ce qui augmente le désir sexuel augmente le temps passé auprès du partenaire potentiel, et accroît ainsi, par voie de conséquence, les chances d'entamer les processus de l'amour. On pourrait produire un élixir pour augmenter le désir sexuel (la libido), un excitant des systèmes désirants dans le cerveau, mais s'il n'y a en face un objet (un autre humain), ce désir sera vain et deviendra au pire une obsession, mais jamais un amour.

Pour autant, certains agents chimiques produisent bel et bien un effet sur les instruments de l'acte copulatoire, ce jeu complexe de tuyaux et de muscles qui permet à l'amour de s'exprimer sur le plan génital. Des médicaments modernes comme le Viagra® ou le Cialis® agissent sur les vaisseaux sanguins qui irriguent le pénis ; d'autres substances plus anciennes « aiguillonnent » le désir en provoquant une irritation de la vessie (le gingembre, par exemple) ou bien renforcent la beauté et la désirabilité – les Égyptiens utilisaient il y a 2 000 ans des extraits d'*Atropa belladonna* pour augmenter le diamètre de la pupille dans l'œil et se faire ainsi des « yeux doux » irrésistibles. Tous ces moyens n'ont pourtant d'autres fins que d'accroître le contact avec la personne désirée dans l'espoir d'enclencher les indispensables processus de l'échange amoureux.

Les phéromones : les nouveaux agents secrets

Mais ne pourrait-on pas, aujourd'hui, compte tenu des progrès de la science et de notre connaissance de la chimie amoureuse, réussir à déclencher artificiellement le premier stimulus qui éveille l'intérêt de l'autre ? Ce ne serait toujours pas de l'amour, mais ce pourrait en être le début. Ne pourrait-on pas, plus précisément, mettre au point une substance capable de stimuler de manière artificielle les récepteurs des phéromones et des odeurs d'une personne qui reste insensible à nos odeurs et nos phéromones naturelles ? Ne pourrait-on pas utiliser ces agents étrangers comme un leurre à la façon de Cyrano de Bergerac prêtant sa parole poétique à l'insipide Christian sous le balcon de Roxane ? Si, on pourrait. D'ailleurs, les phéromones sont déjà largement utilisées dans l'industrie pour contrôler certains mécanismes physiologiques chez les animaux et notamment favoriser ou inhiber la reproduction et la croissance.

Attention, produit efficace et dangereux...

– Chez le porc, une phéromone synthétique est utilisée pour accélérer la croissance : l'application de la substance, soit sur le museau soit directement sur la nourriture, a diminué le temps passé par les jeunes porcs dans des activités de combat et augmenté leur vitesse de croissance de manière très significative[158].

– Chez le mouton, des phéromones naturelles du bélier sont utilisées pour stimuler l'ovulation de la femelle, ce qui augmente le nombre d'agneaux par mise bas[159].

– Chez les insectes, les phéromones sexuelles sont utilisées couramment pour perturber les cycles de reproduction et on étudie actuellement les méthodes de diffusion les plus efficaces dans les vergers[160, 161].

Or il faut savoir que l'effet d'une phéromone n'est pas limité à l'espèce qui l'a produite : on peut ainsi prélever des phéromones chez la chèvre pour stimuler l'ovulation chez la brebis[162]. Voilà de quoi troubler tous les amateurs de parfums, car certains achetés dans le commerce sont fabriqués non seulement à partir d'éléments odorants comme des extraits de fleurs et de glandes animales (le musc provient des glandes à musc situées près de l'organe de reproduction de certains cerfs à musc ou d'une espèce de muscaraigne), mais aussi de phéromones animales utilisées pour fixer l'odeur[163].

À quand le désireur désiré ?

L'utilisation des parfums par les femmes et les hommes date de l'Antiquité, ce qui semble déjà indiquer une certaine efficacité dans le pouvoir de séduction qu'on leur attribue, mais il est probable que le mélange des odeurs avec des phéromones animales puisse encore accroître l'effet « permissif » et améliorer la réceptivité du sexe opposé. L'état des recherches en ce domaine ne permet pas actuellement la mise sur le marché de vaporisateurs décuplant la désirabilité du désireur auprès du désiré. Cependant, si les recherches sur les phéromones continuent dans le même sens, il est à parier que de tels produits seront disponibles dans les années qui viennent. Ou seront, au contraire, interdits à la vente…

L'ocytocine : l'irremplaçable potion cérébrale

Nous l'avons vu, la libération d'ocytocine fait partie des toutes premières étapes qui modifient l'activité du cerveau et le rendent « amoureux ». Si on ne devait recommander qu'un seul produit comme élixir d'amour, ce serait sans doute celui-là. Il ne servirait à rien d'en boire, car ce peptide est dégradé dans l'organisme avant d'être livré à ses récepteurs dans le cerveau ; il faudrait plutôt l'administrer par voie intracérébrale, ce qui manque singulièrement de romantisme et, surtout, comporte des risques.

Mais si on ne peut pas en boire, on peut privilégier les activités qui augmentent naturellement sa libération. C'est une pratique courante chez les ouistitis, ces petits singes très fragiles, qui succombent souvent dans les premières semaines aux prédateurs et aux infections. Quand ils perdent un enfant, les deux parents montrent des signes de détresse et de tristesse patents, et le réflexe de la femelle ouistiti est alors d'inciter son partenaire à une copulation fréquente, ce qui a pour effet d'augmenter le taux d'ocytocine chez les deux parents et de « sauver » leur couple. Chez l'humain, aussi, le taux d'ocytocine est augmenté par la copulation, les caresses, les baisers ou les massages : toutes sortes de choses qu'on ne peut pas faire avec un étranger pour déclencher l'amour, mais qui entretiennent l'état amoureux chez les couples installés...

Les poètes et leurs élixirs

À leur manière, les poètes reconnaissent, eux aussi, que la fiction ne peut égaler l'énormité de la biologie adonnée à sa tâche quand il s'agit des procédés d'amour. On peut le voir en particulier dans *Tristan et Iseut* ou dans *Le Songe d'une nuit d'été*.

La potion de Tristan et Iseut – un simple prétexte ?

La légende de Tristan et Iseut date du VIe siècle, mais elle n'a été écrite qu'au XIIe siècle, époque ou elle était très populaire et comptait environ 80 versions différentes, dont celle du poète français Thomas qui nous reste aujourd'hui.

Dans la plupart des versions, la potion est concoctée par la mère d'Iseut quand sa fille part aux Cornouailles pour épouser le roi Mark. Iseut est accompagnée pour le voyage par Tristan et la nourrisse Brangien, qui a reçu comme instruction de faire boire la potion à Iseut et Mark leur nuit de noces. Toutefois, pendant le voyage, Tristan et Iseut trouvent le flacon, boivent la potion et tombent amoureux[164].

Selon les auteurs, on peut interpréter l'histoire de deux façons : soit ils savaient qu'ils étaient en train de boire une potion magique ; soit ils ne le savaient pas. Cependant, le point important de l'histoire se trouve plutôt dans le fait qu'ils aient cherché la potion et qu'ils aient décidé de la boire ensemble, ce qui indique qu'ils sont déjà complices, au point d'être déjà amoureux, et que la potion fournit un prétexte supplémentaire à troubler les projets de mariage entre Iseut et le roi Mark. L'hypothèse que la potion est purement symbolique est soutenue par le fait que, dans certaines versions, le breuvage est remplacé par un verre de vin partagé (il est vrai que le vin a peut-être lui aussi des vertus aphrodisiaques…). De cette légende, on tire plutôt la conclusion que l'amour n'a pas besoin de potion magique autre que la « magie » qu'il provoque à lui seul dans le cerveau.

La potion du *Songe d'une nuit d'été* : une moquerie ?

Dans *Le Songe d'une nuit d'été*, la potion magique est utilisée pour essayer d'arranger des couples mal assortis. Elle est administrée par Puck, qui se trompe plusieurs fois de cible et qui coiffe notamment un certain Bottom d'une tête d'âne. Cela n'empêchera pas Titania, la reine des fées, d'en tomber amoureuse en le voyant au réveil… À coup sûr, Shakespeare se moque ici des amoureux qui perdent tout discernement dans leur jugement sur l'être aimé : quand on est sous l'emprise de la « magie » de l'amour, on est ébloui par l'amoureux, quelle que soit sa tête : même une tête d'âne peut devenir très belle aux yeux d'une amoureuse !

En attendant d'autres découvertes...

Ne désespérons pas, car l'amour existe, nous sommes faits pour cela et il viendra au moindre appel ! Pour faire patienter, je me permets de vous livrer une petite recette qui tire grand profit de l'état actuel de la recherche scientifique :

— Commencez par baisser la lumière.

— Mettez ensuite une musique apaisante.

— Décrochez un regard très appuyé, lourd de sens.

— Effleurez sa peau comme par accident.

— Fournissez-le en amuse-bouche succulents.

— Offrez une grande gorgée de très bon vin de Bordeaux.

— Et attendez que le feu d'artifice d'ocytocine explose dans son corps...

CONCLUSION

Les ruses de l'amour

En écrivant ce livre, le risque était que l'amour, une fois sous le scalpel, perde de son charme, de sa magie, de son pouvoir ; qu'en dévoilant ses mystères, il cesse d'être un des plus grands bonheurs accessibles à l'homme.

Ce que j'ai vu des mécanismes neurobiologiques impliqués m'a convaincue du contraire.

L'état amoureux n'est pas qu'une étape transitoire destinée à préparer et permettre la reproduction de l'espèce. Il est aussi cette chose merveilleuse par laquelle deux êtres se reconnaissent et découvrent une façon d'être ensemble très particulière, où le sacrifice pour quelqu'un d'autre devient concevable.

Tous les effets induits par l'amour ne relèvent pas d'un réflexe reproductif. Les mécanismes neurobiologiques montrent que l'amour romantique est bâti sur les mêmes bases que l'amour entre un enfant et un parent, et il semble bien que l'amour maternel fournisse un modèle de fonctionnement à deux qui sera notre préférence pour toute la vie. On se lie de très près avec son partenaire sexuel et ses enfants, mais aussi avec ses amis et sa famille élargie. On ne se lie pas d'amour avec tout le monde, et là où il y a échange sincère, l'amour peut s'installer par une reconnaissance progressive de soi-même dans l'autre.

La création d'un grand nombre de liens de type « amoureux » offre une garantie de bien-être à tous les humains, et on sait, par exemple, que les personnes âgées se portent mieux avec un plus grand nombre de contacts sociaux. Les données concernant l'attachement et la santé indiquent que nous sommes faits pour interagir à chaque fois que cela est possible, qu'il nous faut un lien principal avec un partenaire, et un grand nombre de liens, moins importants, avec nos amis et notre famille. Notre cerveau a besoin de fonctionner en symbiose avec d'autres, et le temps, considéré par certains comme perdu, que nous passons à « bavarder » est essentiel à notre intégration dans la société.

Bien sûr, quand on parle d'amour, on pense surtout au « grand » amour qui lie deux partenaires sexuels de manière passionnelle pendant une période, et qui se transforme ensuite en une complicité profonde. La biologie fournit une explication évolutionniste à la première partie de l'histoire ; la seconde partie, en revanche, évoque un pur artefact de la culture humaine, une sorte de « superamitié » rendue unique par l'histoire passionnelle vécue à deux et renforcée par la libération régulière d'ocytocine lors des rapports sexuels.

Autant l'amour passionnel se fait malgré nous, selon des mécanismes inconscients dans le cerveau, autant les épisodes suivants nécessitent un effort : ceux qui réussissent la conversion sont ceux qui savent ce qu'ils veulent et qui travaillent consciencieusement à faire correspondre la réalité à leur rêve de vie à deux. Aucune histoire n'est jamais parfaite. Chez tous les couples, demeurent une dizaine de points de désaccord qui ne seront jamais réglés, et, pour rester ensemble malgré ces zones de conflit, il faut des efforts consciencieux et continus.

Pour le dire autrement, l'« amour charnel » est un amour animal, qui ne demande ni réflexion ni culture : l'objectif est purement sexuel. L'« amour sage », lui, est un amour spécifiquement humain. On en rêve parce qu'on a lu ou vu des histoires d'amour qui ont façonné des idéaux et nourri notre imaginaire, et on le réussit parce qu'on installe un dialogue pour faire évoluer la complicité à deux : la fiction et le dialogue sont deux attributs propres à l'homme.

Cela ne signifie pas pour autant que l'amour charnel manque de noblesse : sous son emprise, aussi, on se surpasse, on est capable de tout et plus qu'à n'importe quel autre moment, on pense prioritairement à un autre qui ne fait pas partie de sa famille.

À l'arrivée, mettre en compétition les différents types d'amour n'a pas grand sens. Chaque histoire d'amour, grande ou petite, est une adaptation de l'amour primordial entre l'enfant et sa mère, et toutes les histoires d'amour ont ceci de commun qu'elles servent à nous lier aux autres membres de notre espèce, laquelle devient, ainsi, une espèce vraiment particulière.

QUIZ !

Quel type d'amoureux êtes-vous ?

Le Dr John Gottman est le grand spécialiste américain des unions qui durent. Il peut notamment prédire la probabilité de divorce dans un couple à partir du comportement adopté par les deux partenaires en cas de dispute (les trois premières minutes de dispute lui suffisent pour faire une prédiction qui sera juste dans 80 % des cas !)[129, 165]. Je me suis inspirée de deux de ses questionnaires pour vous aider à évaluer la solidité de votre couple[*].

---

[*] http://www.gottman.com/marriage/relationship_quiz/

CONNAISSEZ-VOUS VRAIMENT
VOTRE PARTENAIRE ?

La qualité de votre amitié

Un couple réussi dépend beaucoup des rapports amicaux que les deux personnes nourrissent l'une pour l'autre. Êtes-vous certain de bien connaître le monde intérieur de l'autre ? Pour le savoir, amusez-vous à remplir le questionnaire suivant pour tester vos connaissances (et n'oubliez pas de le faire remplir à son tour par l'autre !).

Le barème
Comptez un point à chaque fois que vous répondez oui.

C'est à vous !

---

1. Je connais le nom de ses meilleurs amis.
2. Je sais ce qui le stresse en ce moment.
3. Je pourrais donner le nom de personnes qui l'ont particulière-ment agacé ces derniers temps.
4. Je pourrais raconter certains de ses rêves et certaines de ses ambitions.
5. Je pourrais décrire sa philosophie de la vie.
6. Je pourrais donner la liste des personnes de sa famille qu'il aime le moins.
7. J'ai l'impression qu'il me connaît assez bien.
8. Quand nous ne sommes pas ensemble, je pense souvent à lui avec tendresse.
9. Il m'arrive souvent de le toucher ou de l'embrasser de manière affectueuse.
10. Il a du respect pour moi.
11. Il y a du feu et de la passion dans notre couple.

---

12. Notre relation est restée romantique.
13. Il aime ce que je fais dans notre couple.
14. Il aime ma personnalité.
15. Notre vie sexuelle est globalement satisfaisante.
16. À la fin de la journée, il est content de me voir.
17. C'est l'un de mes meilleurs amis.
18. On adore se parler.
19. On est très interactif dans nos discussions.
20. Il m'écoute avec attention, même quand on n'est pas d'accord.
21. Il m'aide généralement bien à régler mes problèmes.
22. Nous partageons globalement les mêmes valeurs de base et les mêmes objectifs dans la vie.

Faites le compte !

— **Vous obtenez un score de 15 points ou plus** : bravo, votre relation est solide.

— **Votre score se situe entre 8 et 14 points** : vous vivez une période capitale dans votre histoire. Il y a beaucoup de points positifs sur lesquels vous pouvez vous appuyer, mais certaines faiblesses exigent également votre attention.

— **Vous obtenez un total de 7 points ou moins** : il est possible que votre relation à deux soit sérieusement abîmée. Si cette constatation vous trouble, vous êtes probablement encore assez motivé pour vous occuper de votre couple et chercher de l'aide.

NB : Dans une étude menée sur quelque 200 couples, le Dr Gottman a constaté que l'indice le plus significatif pour la passion et la romance à deux était la qualité de l'amitié !

Vos connexions émotionnelles

Quand on voit interagir deux personnes dans la vie de tous les jours, on constate l'existence de nombreuses « tentatives de connexion ». Dans une relation heureuse, par exemple, on estime que les deux partenaires font environ 100 « tentatives » en 10 minutes (toujours selon le Dr Gottman). Or le style de ces tentatives et les réponses qui y sont apportées ont une incidence sur l'avenir de votre relation à deux.

Les tentatives de connexion peuvent être sexuelles ou pas, elles peuvent être physiques ou intellectuelles, verbales ou non verbales. La seule chose qui importe est le rapprochement qui en résulte entre vous deux. La seule raison d'être de ces tentatives est de propulser votre relation de couple dans un sens positif.

Le questionnaire ci-dessous va vous permettre de tester votre style à vous dans vos tentatives de connexions émotionnelles. Concentrez-vous sur votre partenaire, et additionnez vos points.

Le barème
Comptez pour chaque proposition :
— 1 point si vous n'êtes pas du tout d'accord ;
— 2 points si vous n'êtes pas d'accord ;
— 3 points si vous n'avez pas d'avis ;
— 4 points si vous êtes plutôt d'accord ;
— 5 points si vous êtes entièrement d'accord.

---

1. Parfois, il m'ignore juste au moment où j'ai besoin qu'il fasse attention à moi.
2. En général, il n'a pas la moindre idée de ce que j'éprouve.
3. J'ai souvent du mal à engager une conversation sérieuse avec lui.
Total des points pour les questions 1-3 :

4. Je deviens fou/folle quand il ne fait pas attention à moi.
5. Je m'énerve souvent avec lui.
6. Je suis souvent énervé quand il n'est pas d'accord avec moi.
Total des points pour les questions 4-6 :

7 J'ai du mal à me faire entendre de lui.
8. J'ai du mal à le convaincre de se confier à moi.
9. J'ai du mal à le faire parler.
Total des points pour les questions 7-9 :

C'est à vous !

Faites le compte !

Pour les questions 1-3. Un score inférieur à 8 signifie que vous êtes quelqu'un de très direct en couple. C'est une bonne nouvelle : vous savez dire clairement à l'autre ce dont vous avez besoin. Si vous obtenez un score égal ou supérieur à 8, vous êtes peut-être trop timide dans vos tentatives : l'autre peut avoir le sentiment qu'il faudrait être dans votre tête pour connaître vos besoins ou vos envies.

Pour les questions 4-6. Un score inférieur à 8 signifie que vous n'avez pas besoin de faire beaucoup d'effort pour dire à l'autre ce dont vous avez besoin. C'est bon signe pour votre couple, car c'est plus facile pour votre partenaire d'entendre et de comprendre ce que vous voulez. Si vous obtenez un score égal ou supérieur à 8, vous êtes peut-être trop virulent quand vous essayez de vous exprimer et vous rebutez votre partenaire. Cela peut venir de frustrations passées ou de votre personnalité.

Pour les questions 7-9. Un score inférieur à 8 signifie que vous avez confiance dans votre couple. Si vous obtenez un score égal ou supérieur à 8, vous avez un problème de confiance. Vous avez peut-être besoin de faire plus d'efforts pour gagner la confiance de l'autre. Parfois on y arrive en faisant attention aux tentatives de connexion de l'autre au lieu d'essayer de le forcer à écouter ses propres tentatives.

ET VOUS, ÊTES-VOUS
PLUTÔT NÉVROTIQUE OU PLUTÔT CONSCIENCIEUX ?

Les 50 propositions qui suivent décrivent des comportements. Cochez pour chacune d'elles la case qui correspond le mieux à ce que vous pensez*.

Le barème
a = pas du tout d'accord,
b = pas d'accord,
c = ni oui ni non,

---

* On retrouve ici les cinq grands traits de personnalité dont nous avons déjà parlé dans le chapitre « Personnages et caractères ». Ces traits sont déterminés d'après un questionnaire (le NEO PI-R) mis au point par Costa et McCrae, deux chercheurs américains, et qui compte 240 questions[141]. On évalue dans le caractère de chacun la part respective des traits suivants : le fait d'être névrotique, extraverti, curieux, agréable et consciencieux. Attention : ces traits n'ont pas été sélectionnés arbitrairement par les chercheurs ; ils correspondent aux grandes tendances obtenues après l'analyse d'un nombre considérable de données individuelles.

Le questionnaire qui est reproduit ici a été adapté à partir du NEO PI-R[166] ; il ne comporte que 50 questions. La traduction française des questions a été assurée par Kerri Gibson de Bishop's University, California. Pour plus de précisions : http://www.personalitytest.org.uk/. Voir aussi International Personality Item Pool (2001), A Scientific Collaboratory for the Development of Advanced Measures of Personality Traits and Other Individual Differences (http://ipip.ori.org/).

d = plutôt d'accord,
e = entièrement d'accord.

C'est à vous !
Soyez honnête : décrivez-vous tel que vous êtes en ce moment, et non pas tel que vous aimeriez être. Si vous avez besoin de repères, faites des comparaisons avec des gens que vous connaissez et qui ont le même sexe et à peu près le même âge que vous. Ne réfléchissez pas trop au sens des questions, répondez assez rapidement, et surtout ne consultez pas les grilles d'analyse avant d'avoir donné toutes vos réponses.

	a	b	c	d	e
1. Je suis un boute-en-train.					
2. Je me fiche un peu des autres.					
3. Je suis toujours à l'heure.					
4. Je suis facilement stressé.					
5. J'ai un vocabulaire riche.					
6. Je ne parle pas beaucoup.					
7. Je m'intéresse aux autres.					
8. Je laisse traîner mes affaires.					
9. Je suis détendu la plupart du temps.					
10. J'ai du mal avec les pensées abstraites.					
11. Je suis à l'aise quand il y a du monde.					
12. Je n'organise jamais de fête.					
13. Je fais attention aux détails.					
14. Je m'inquiète pour tout.					
15. J'ai une imagination assez vive.					

	a	b	c	d	e
16. Je préfère rester à l'écart.					
17. Je comprends ce que les autres ressentent.					
18. Je ne suis pas très ordonné.					
19. Je suis rarement triste.					
20. J'évite les gens compliqués.					
21. J'engage souvent la conversation.					
22. Je ne m'occupe pas des problèmes des autres.					
23. Je fais les tâches ménagères sans attendre.					
24. Je suis facilement perturbé.					
25. J'ai plutôt d'excellentes idées.					
26. Je n'ai pas grand-chose à dire.					
27. Je suis facilement attendri.					
28. J'oublie souvent de remettre les choses à leur place.					
29. Je me fâche facilement.					
30. Je n'ai pas beaucoup d'imagination.					
31. Je discute avec beaucoup de monde en soirée.					
32. Je ne souhaite jamais les anniversaires au bureau.					
33. J'aime bien l'ordre.					
34. Je suis d'humeur changeante.					
35. Je comprends vite.					
36. Je n'aime pas attirer l'attention.					
37. Je consacre du temps aux autres.					
38. Je fuis les obligations.					

	a	b	c	d	e
39. J'ai souvent des coups de blues.					
40. J'adore imaginer de nouvelles façons de faire.					
41. Ça ne me dérange pas d'être au centre de l'attention.					
42. Je m'entends bien avec presque tout le monde.					
43. Je sais respecter les horaires.					
44. Je suis facilement irritable.					
45. Je prends le temps de réfléchir avant d'agir.					
46. Je reste silencieux quand je ne connais pas.					
47. Je sais réconforter les gens.					
48. Je suis exigeant dans mon travail.					
49. Je suis souvent triste.					
50. Je déborde d'imagination.					

Faites le compte !

Tous les spécialistes s'accordent pour dire que ce modèle offre aujourd'hui la meilleure description de la structure de la personnalité. Vous trouverez une explication pour chacun des cinq « traits majeurs » qui le composent dans les lignes qui suivent. Essayez d'interpréter vos résultats comme de grandes tendances, sans vous focaliser sur tel ou tel résultat. Comparez plutôt vos scores entre eux pour voir quel trait vous caractérise le plus et quel trait vous dépeint le moins bien. Pour vous donner un ordre d'idées, sachez que le score moyen pour chacun des traits est autour de 30. N'hésitez pas à comparer vos scores avec ceux de vos amis. Vous pouvez aussi comparer vos propres scores et ceux obtenus par quelqu'un qui vous jugerait à votre place afin de mieux voir comment les autres vous perçoivent.

Êtes-vous plutôt quelqu'un de névrotique ?

Totalisez vos points pour ce trait de caractère (attention ! les questions ne sont pas dans l'ordre du questionnaire).

N° de question	Réponse a	Réponse b	Réponse c	Réponse d	Réponse e
4	1	2	3	4	5
9	5	4	3	2	1
14	1	2	3	4	5
19	5	4	3	2	1
24	1	2	3	4	5
29	1	2	3	4	5
34	1	2	3	4	5
39	1	2	3	4	5
44	1	2	3	4	5
49	1	2	3	4	5

Le fait d'être plus ou moins névrotique est une indication sur notre propension à interpréter les choses de manière négative. Un score élevé est caractéristique de gens qui ne se sentent pas en sécurité. Un score faible est typique de personnes plus détendues, moins émotives et moins sujettes à un sentiment de détresse.

Êtes-vous plutôt quelqu'un d'extraverti ?

Totalisez vos points pour ce trait de caractère (attention ! les questions ne sont pas dans l'ordre du questionnaire).

N° de question	Réponse a	Réponse b	Réponse c	Réponse d	Réponse e
1	1	2	3	4	5
6	5	4	3	2	1
11	1	2	3	4	5
16	5	4	3	2	1
21	1	2	3	4	5
26	5	4	3	2	1
31	1	2	3	4	5
36	5	4	3	2	1
41	1	2	3	4	5
46	5	4	3	2	1

Le fait d'être plus ou moins extraverti offre une indication sur notre goût pour les situations sociales. Un score élevé est caractéristique de gens actifs et énergiques, qui recherchent la compagnie des autres. Un score très bas signale un comportement typiquement tranquille et réservé.

Êtes-vous plutôt quelqu'un de curieux ?

Totalisez vos points pour ce trait de caractère (attention !
les questions ne sont pas dans l'ordre du questionnaire).

N° de question	Réponse a	Réponse b	Réponse c	Réponse d	Réponse e
5	1	2	3	4	5
10	5	4	3	2	1
15	1	2	3	4	5
20	5	4	3	2	1
25	1	2	3	4	5
30	5	4	3	2	1
35	1	2	3	4	5
40	1	2	3	4	5
45	1	2	3	4	5
50	1	2	3	4	5

Le fait d'être plus ou moins curieux offre une indication
sur notre souplesse d'esprit et notre intérêt pour la culture. Un
score élevé est caractéristique de gens imaginatifs, créatifs,
aimant les expériences culturelles et éducatives. Un score bas
indique une personnalité plus terre à terre, plus pratique, peu
intéressé par l'art.

Êtes-vous plutôt quelqu'un d'agréable ?

Totalisez vos points pour ce trait de caractère (attention ! les questions ne sont pas dans l'ordre du questionnaire).

N° de question	Réponse a	Réponse b	Réponse c	Réponse d	Réponse e
2	5	4	3	2	1
7	1	2	3	4	5
12	5	4	3	2	1
17	1	2	3	4	5
22	5	4	3	2	1
27	1	2	3	4	5
32	5	4	3	2	1
37	1	2	3	4	5
42	1	2	3	4	5
47	1	2	3	4	5

Le fait d'être plus ou moins agréable offre une indication sur notre mode d'interaction avec les autres. Un score élevé est caractéristique de gens qui font confiance, qui sont aimables et qui aiment rendre service. Un score bas est typique de gens agressifs et peu coopératifs.

Êtes-vous plutôt quelqu'un de consciencieux ?

Totalisez vos points pour ce trait de caractère (attention !
les questions ne sont pas dans l'ordre du questionnaire).

N° de question	Réponse a	Réponse b	Réponse c	Réponse d	Réponse e
3	1	2	3	4	5
8	5	4	3	2	1
13	1	2	3	4	5
18	5	4	3	2	1
23	1	2	3	4	5
28	5	4	3	2	1
33	1	2	3	4	5
38	5	4	3	2	1
43	1	2	3	4	5
48	1	2	3	4	5

Le fait d'être plus ou moins consciencieux est une indication sur notre sens de l'organisation et notre persévérance face
à des objectifs. Un score élevé est caractéristique de gens
méthodiques, bien organisés, motivés par le devoir. Un score
bas est caractéristique de gens peu appliqués, peu focalisés sur
la tâche en cours et facilement distraits.

Rappel : les travaux des psychologues et des sociologues
ont montré qu'être névrotique était néfaste pour le couple,
alors qu'être consciencieux était plutôt un très bon signe (voir
chapitre 7, p. 132).

Notes et références bibliographiques

1. FISHER, H., ARON A., MASHEK D., LI H., STRONG D. et BROWN L. L. « Review. The Neural Mechanisms of Mate Choice : A Hypothesis », *Neuroendocrinology letters, 23*, 92-7 (2002).

2. DUFOUIL, C. et ALPEROVITCH, A. « Couple similarities for cognitive functions and psychological health », *Journal of clinical epidemiology, 53*, 589-93 (2000).

3. FENG, D. et BAKER, L. « Spouse similarity in attitudes, personality, and psychological well-being », *Behavior genetics, 24*, 357-64 (1994).

4. HUR, Y. M., « Assortive mating for personality traits, educational level, religious affiliation, height, weight, and body mass index in parents of Korean twin sample », *Twin Research, 6*, 467-70 (2003).

5. PRICE, R. A. et VANDENBERG, S. G., « Spouse similarity in American and Swedish couples », *Behavior genetics, 10*, 59-71 (1980).

6. SANCHEZ-ANDRES, A. et MESA, M. S., « Assortative mating in a Spanish population : effects of social factors and cohabitation time », *Journal of biosocial science, 26*, 441-50 (1994).

7. MERIKANGAS, K. R., « Assortative mating for psychiatric disorders and psychological traits », *Archives of general psychiatry, 39*, 1173-80 (1982).

8. MASCIE-TAYLOR, C. G., « Spouse similarity for IQ and personality and convergence », *Behavior genetics, 19,* 223-7 (1989).

9. WATKINS, M. P. et MEREDITH, W., « Spouse similarity in newly-weds with respect to specific cognitive abilities, socioeconomic status, and education », *Behavior genetics, 11,* 1-21 (1981).

10. GALBAUD DU FORT, G., KOVESS, V. et BOIVIN, J. F., « Spouse similarity for psychological distress and well-being : a population study », *Psychological medicine, 24,* 431-47 (1994).

11. DITTO, B. et FRANCE, C., « Similarities within young and middle-aged spouse pairs in behavioral and cardiovascular response to two experimental stressors », *Psychosomatic medicine, 52,* 425-34 (1990).

12. SPEERS, M. A., KASL, S. V. et OSTFELD, A. M., « Marital correlates of blood pressure », *American journal of epidemiology, 129,* 956-72 (1989)

13. SPEERS, M. A., KASL, S. V., FREEMAN, D. H., Jr. et OSTFELD, A. M., « Blood pressure concordance between spouses », *American journal of epidemiology, 123,* 818-29 (1986).

14. CASPI, A. et HERBENER, E. S., « Marital assortment and phenotypic convergence : longitudinal evidence », *Social biology, 40,* 48-60 (1993).

15. BUSTON, P. M. et EMLEN, S. T., « Cognitive processes underlying human mate choice : The relationship between self-perception and mate preference in Western society », *Proceedings of the National Academy of Sciences of the United States of America, 100,* 8805-10. Epub 2003 jul 3 (2003).

16. ERICKSON, M. T., « Rethinking Oedipus : an evolutionary perspective of incest avoidance », *The American journal of psychiatry, 150,* 411-6 (1993).

17. WOLF, A. P., *Sexual Attraction and Childhood Association : A Chinese Brief for Edward Westermarck,* Stanford University Press (1995).

18. WEISFELD, G. E., CZILLI, T., PHILLIPS, K. A., GALL, J. A. et LICHTMAN, C. M., « Possible olfaction-based mechanisms in human kin recognition and inbreeding avoidance », *Journal of experimental child psychology, 85,* 279-95 (2003).

19. PORTER, R. H., « Olfaction and human kin recognition », *Genetica, 104,* 259-63 (1998).

20. LLEDO, P. M., CARLETON, A. et VINCENT, J. D., « Odors and olfaction », *Journal de la Société de biologie, 196,* 59-65 (2002).

21. DALTON, P., DOOLITTLE, N. et BRESLIN, P. A., « Gender-specific induction of enhanced sensitivity to odors », *Nature neuroscience, 5,* 199-200 (2002).

22. WALSH, A., *Biosociology*, Praeger, Westport, Connecticut, Londres (1995).

23. WEDEKIND, C. et FURI, S., « Body odour preferences in men and women : do they aim for specific MHC combinations or simply heterozygosity ? » *Proceedings of the Royal Society of London. Series B. Biological sciences, 264*, 1471-9 (1997).

24. GENIN, E., OBER, C., WEITKAMP, L. et THOMSON, G., « A robust test for assortative mating », *European journal of human genetics : EJHG, 8*, 119-24 (2000).

25. OBER, C., WEITKAMP, L. R., COX, N., DYTCH, H., KOSTYU, D. et ELIAS S., « HLA and mate choice in humans », *American journal of human genetics, 61*, 497-504 (1997).

26. JACOB, S., MCCLINTOCK, M. K., ZELANO, B. et OBER, C., « Paternally inherited HLA alleles are associated with women's choice of male odor », *Nature Genetics, 30*, 175-9 (2002).

27. ZAHAVI , A., « Mate selection-a selection for a handicap », *Journal of theoretical biology, 53*, 205-14 (1975).

28. CANDOLIN , U., « The use of multiple cues in mate choice », *Biological reviews of the Cambridge Philosophical Society, 78*, 575-95 (2003).

29. MILLER, G. F. et TODD, P. M., « Mate choice turns cognitive », *Trends in Cognitive Sciences, 2*, 190-198 (1998).

30. DIXSON, A. F., HALLIWELL, G., EAST, R., WIGNARAJAH , P. et ANDERSON, M. J., « Masculine somatotype and hirsuteness as determinants of sexual attractiveness to women », *Archives of sexual behavior, 32*, 29-39 (2003).

31. GRAY, P. B. et MARLOWE , F., « Fluctuating asymmetry of a foraging population : the Hadza of Tanzania », *Annals of human biology, 29*, 495-501 (2002).

32. WAYNFORTH , D., « Fluctuating asymmetry and human male life-history traits in rural Belize », *Proceedings of the Royal Society of London. Series B. Biological sciences, 265*, 1497-501 (1998).

33. ALBERT, A. M. et GREENE, D. L., « Bilateral asymmetry in skeletal growth and maturation as an indicator of environmental stress », *American journal of physical anthropology, 110*, 341-9 (1999).

34. STERN, K. et MCCLINTOCK, M. K., « Regulation of ovulation by human pheromones », *Nature, 392*, 177-9 (1998).

35. LOMBARDI , J. R. et VANDENBERGH, J. G., « Pheromonally induced sexual maturation in females : regulation by the social environment of the male », *Science, 196*, 545-6 (1977).

36. MEREDITH, M., « Human vomeronasal organ function : a critical review of best and worst cases », *Chemical senses, 26*, 433-45 (2001).

178   COMMENT DEVIENT-ON AMOUREUX ?

37. FREY, J., « Pheromones : an underestimated communication signal in humans », *Annales de biologie clinique (Paris)*, *61*, 275-8 (2003).

38. NICHOLSON, B., « Does kissing aid human bonding by semiochemical addiction ? » *British Journal of Dermatology*, *111*, 623-7 (1984).

39. PELOSI, P., « The role of perireceptor events in vertebrate olfaction », *Cellular and molecular life sciences : CMLS*, *58*, 503-9 (2001).

40. TIRINDELLI, R., MUCIGNAT-CARETTA, C. et RYBA, N. J., « Molecular aspects of pheromonal communication *via* the vomeronasal organ of mammals », *Trends in neurosciences*, *21*, 482-6 (1998).

41. CUTLER, W. B., FRIEDMANN, E. et McCOY, N. L., « Pheromonal influences on sociosexual behavior in men », *Archives of sexual behavior*, *27*, 1-13 (1998).

42. COWLEY, J. J. et BROOKSBANK, B. W., « Human exposure to putative pheromones and changes in aspects of social behaviour », *The Journal of steroid biochemistry and molecular biology*, *39*, 647-59 (1991).

43. RIKOWSKI, A. et GRAMMER, K., « Human body odour, symmetry and attractiveness », *Proceedings of the Royal Society of London. Series B. Biological sciences*, *266*, 869-74 (1999).

44. GANGESTAD, S. W. et THORNHILL, R., « Menstrual cycle variation in women's preferences for the scent of symmetrical men », *Proceedings of the Royal Society of London. Series B. Biological sciences*, *265*, 927-33 (1998).

45. FUKUHARA, S., « The effect of eye contact and verbal content about impression on affective reactions of the other partner », *Shinrigaku Kenkyu*, *61*, 177-83 (1990).

46. VINCENT, J.-D., *La Biologie des Passions*. Odile Jacob, Paris (1986).

47. SCHEIB, J. E., GANGESTAD, S. W. et THORNHILL, R., « Facial attractiveness, symmetry and cues of good genes », *Proceedings of the Royal Society of London. Series B. Biological sciences*, *266*, 1913-7 (1999).

48. RHODES, G., CHAN, J., ZEBROWITZ, L. A. et SIMMONS, L. W., « Does sexual dimorphism in human faces signal health ? » *Proceedings of the Royal Society of London. Series B. Biological sciences*, *270*, S93-5 (2003).

49. SWADDLE, J. P. et REIERSON, G. W., « Testosterone increases perceived dominance but not attractiveness in human males », *Proceedings of the Royal Society of London. Series B. Biological sciences*, *269*, 2285-9 (2002).

50. CUNNINGHAM, M. R., BARBEE, A. P. et PIKE, C. L., « What do women want ? Facialmetric assessment of multiple motives in the perception of male facial physical attractiveness », *Journal of personality and social psychology*, *59*, 61-72 (1990).

51. GRAMMER, K. et THORNHILL, R., « Human (*Homo sapiens*) facial attractiveness and sexual selection : the role of symmetry and average-ness », *Journal of comparative psychology*, *108*, 233-42 (1994).

52. PENTON-VOAK, I. S., JONES, B. C., LITTLE, A. C., BAKER, S., TIDDE-MAN, B., BURT, D. M. et PERRET D. I. « Symmetry, sexual dimorphism in facial proportions and male facial attractiveness », *Proceedings of the Royal Society of London. Series B. Biological sciences*, *268*, 1617-23 (2001).

53. RHODES, G., HICKFORD, C. & JEFFERY, L., « Sex-typicality and attractiveness : are supermale and superfemale faces super-attractive ? » *Br J Psychol*, *91*, 125-40 (2000).

54. DEBRUINE, L. M., « Facial resemblance enhances trust », *Proceedings of the Royal Society of London. Series B. Biological sciences*, *269*, 1307-12 (2002).

55. BOTWIN, M. D., BUSS, D. M. et SHACKELFORD, T. K., « Personality and mate preferences : five factors in mate selection and marital satisfaction », *Journal of personality*, *65*, 107-36 (1997).

56. SQUIER, R. W. et MEW, J. R., « The relationship between facial structure and personality characteristics », *The British journal of social psychology / The British Psychological Society*, *20*, 151-60 (1981).

57. LI, N. P., BAILEY, J. M., KENRICK, D. T. et LINSENMEIER, J. A., « The necessities and luxuries of mate preferences : testing the trade-offs », *Journal of personality and social psychology*, *82*, 947-55 (2002).

58. FARLEY, F. H. et DAVIS, S. A., « Arousal, personality, and assortative mating in marriage », *Journal of sex & marital therapy*, *3*, 122-7 (1977).

59. WINTERER, G. et GOLDMAN, D. « Genetics of human prefrontal function », *Brain research. Brain research reviews*, *43*, 134-63 (2003).

60. BARBAUX, S., PLOMIN, R. et WHITEHEAD, A. S., « Polymorphisms of genes controlling homocysteine/folate metabolism and cognitive function », *Neuroreport*, *11*, 1133-6 (2000).

61. ALEMAN, A., DE VRIES, W. R., KOPPESCHAAR, H. P., OSMAN-DUALEH, M., VERHAAR, H. J., SAMSON, M. M., BOL, E. et de HAAN E. H., « Relationship between circulating levels of sex hormones and insulin-like growth factor-1 and fluid intelligence in older men », *Experimental aging research*, *27*, 283-91 (2001).

62. SOUTHON, S., WRIGHT, A. J., FINGLAS, P. M., BAILEY, A. L., LOUGH-RIDGE J.-M. et WALKER A. D., « Dietary intake and micronutrient status of adolescents : effect of vitamin and trace element supplementation on indices of status and performance in tests of verbal and non-verbal intelligence », *The British journal of nutrition*, *71*, 897-918 (1994).

63. MULDOON, M. F., RYAN, C. M., MATTHEWS, K. A. et MANUCK, S. B., « Serum cholesterol and intellectual performance », *Psychosomatic Medecine*, 59, 382-7 (1997).

64. MILLER, G., « Sexual selection for indicators of intelligence », *Novartis Foundation Symposium*, *233*, 260-70 ; discussion 270-80 (2000).

65. HAMPES, W. P., « Relation between humor and empathic concern », *Psychological reports*, 88, 241-4 (2001).

66. BERK, L. S., FELTEN, D. L., TAN, S. A., BITTMAN, B. B. et WESTENGARD, J., « Modulation of neuroimmune parameters during the eustress of humor-associated mirthful laughter », *Alternative therapies in health and medicine*, 7, 62-72, 74-6 (2001).

67. NEUHOFF, C. C. et SCHAEFER, C., « Effects of laughing, smiling, and howling on mood », *Psychological reports*, 91, 1079-80 (2002).

68. SAKURAGI, S., SUGIYAMA, Y. et TAKEUCHI, K., « Effects of laughing and weeping on mood and heart rate variability », *Journal of physiological anthropology and applied human science*, 21, 159-65 (2002).

69. FOLEY, E., MATHEIS, R. et SCHAEFER, C., « Effect of forced laughter on mood », *Psychological reports*, 90, 184 (2002).

70. BERK, L. S., TAN, S. A., FRY, W. F., NAPIER, B. J., LEE, J. W., HUBBARD, R.W., LEWIS, J. E. et EBY W. C., « Neuroendocrine and stress hormone changes during mirthful laughter », *Am J Med Sci*, 298, 390-6 (1989).

71. CLARK, A., SEIDLER, A. et MILLER, M., « Inverse association between sense of humor and coronary heart disease », *International journal of cardiology*, 80, 87-8 (2001).

72. WEISENBERG, M., TEPPER, I. et SCHWARZWALD, J., « Humor as a cognitive technique for increasing pain tolerance », *Pain*, 63, 207-12 (1995).

73. BENNETT, M. P., ZELLER, J. M., ROSENBERG, L. et McCANN, J., « The effect of mirthful laughter on stress and natural killer cell activity », *Alternative therapies in health and medicine*, 9, 38-45 (2003).

74. JENSEN-CAMPBELL, L. A., GRAZIANO, W. G. et WEST, S., « Dominance, prosocial orientation and females preferences : do nice guys really finish last ? » *Journal of personality and social psychology*, 68, 427-440 (1995).

75. VINCENT, J.-D., *Le Cœur des autres*, Plon, Paris (2003).

76. DESBORDES-VALMORE, M., *Idylles. Élégies*, Auguste Lacaussade (1819-1833).

77. INSEL, T. R., « A neurobiological basis of social attachment », *The American journal of psychiatry*, 154, 726-35 (1997).

78. BARTELS, A. et ZEKI, S., « The neural basis of romantic love », *Neuroreport, 11*, 3829-34 (2000).

79. BARTELS, A. et ZEKI, S., « The neural correlates of maternal and romantic love », *Neuroimage, 21*, 1155-66 (2004).

80. LECKMAN, J. F. et MAYES, L. C., « Preoccupations and behaviors associated with romantic and parental love. Perspectives on the origin of obsessive-compulsive disorder », *Child and adolescent psychiatric clinics of North America, 8*, 635-65 (1999).

81. GUNNAR, M. R., « Quality of early care and buffering of neuroendocrine stress reactions : potential effects on the developing human brain », *Preventive medicine, 27*, 208-11 (1998).

82. UVNAS-MOBERG, K., « Oxytocin may mediate the benefits of positive social interaction and emotions », *Psychoneuroendocrinology, 23*, 819-35 (1998).

83. VINCENT, J.-D., *La Chair et le Diable*, Odile Jacob, Paris (1996).

84. LUND, I., Yu, L. C., Uvnas-Moberg, K., Wang, J., Yu, C., Kurosawa, M., Agren, G., Rosen, A., Lekman, M. et Lundeberg, T., « Repeated massage-like stimulation induces long-term effects on nociception : contribution of oxytocinergic mechanisms », *The European journal of neuroscience, 16*, 330-8 (2002).

85. UVNAS-MOBERG, K., « Oxytocin linked antistress effects–the relaxation and growth response », *Acta physiologica Scandinavica. Supplementum 640*, 38-42 (1997).

86. NISSEN, E., GUSTAVSSON, P., WIDSTROM, A. M. et UVNAS-MOBERG, K., « Oxytocin, prolactin, milk production and their relationship with personality traits in women after vaginal delivery or Cesarean section », *Journal of psychosomatic obstetrics and gynaecology, 19*, 49-58 (1998).

87. DUPONT, R. L., « Addiction : a new paradigm », *Bulletin of the Menninger Clinic, 62*, 231-42 (1998).

88. CABANAC, M., « Pleasure : the common currency », *Journal of theoretical biology, 155*, 173-200 (1992).

89. YOUNG, L. J., LIM, M. M., GINGRICH, B. et INSEL, T. R., « Cellular mechanisms of social attachment », *Hormones and behavior, 40*, 133-8 (2001).

90. LORD, J. A. H., WATERFIELD, A. A., HUGHES, J. et KOSTERLITZ, H. W., « Endogenous opioid peptides : multiple agonists and receptors », *Nature, 267*, 495-499 (1977).

91. PECINA, S. et BERRIDGE, K. C., « Central enhancement of taste pleasure by intraventricular morphine », *Neurobiology (Bp), 3*, 269-80 (1995).

92. SCHUILING, G. A., « The benefit and the doubt : why monogamy ? », *Journal of psychosomatic obstetrics and gynaecology, 24*, 55-61 (2003).

93. COTMAN, C. W. et BERCHTOLD, N. C., « Exercise : a behavioral intervention to enhance brain health and plasticity », *Trends in neurosciences, 25*, 295-301 (2002).

94. HOFFMAN, K. L. et MCNAUGHTON, B. L., « Sleep on it : cortical reorganization after-the-fact », *Trends in neurosciences, 25*, 1-2 (2002).

95. MCEWEN, B. S. et SAPOLSKY, R. M., « Stress and cognitive function », *Current Opinions in Neurobiology, 5*, 205-16 (1995).

96. DEMOTES-MAINARD, J., VERNIER, P. et VINCENT, J. D., « Hormonal control of neural function in the adult brain », *Current opinion in neurobiology, 3*, 989-96 (1993).

97. LU, L., BAO, G., CHEN, H., XIA, P., FAN, X., ZHANG, J. PEI, G. et MA, L., « Modification of hippocampal neurogenesis and neuroplasticity by social environments », *Experimental neurology, 183*, 600-9 (2003).

98. CARTER, C. S., « Developmental consequences of oxytocin », *Physiology & behavior, 79*, 383-97 (2003).

99. PETERSSON, M., UVNAS-MOBERG, K., Erhardt, S. et Engberg, G., « Oxytocin increases locus coeruleus alpha 2-adrenoreceptor responsiveness in rats », *Neuroscience Letters, 255*, 115-8 (1998).

100. PHAM, T. M., WINBLAD, B., GRANHOLM, A. C. et MOHAMMED, A. H., « Environmental influences on brain neurotrophins in rats », *Pharmacology, biochemistry, and behavior, 73*, 167-75 (2002).

101. WOODSON, J. C., « Including "learned sexuality" in the organization of sexual behavior », *Neuroscience and biobehavioral reviews, 26*, 69-80 (2002).

102. FISHER, H. E., ARON, A., MASHEK, D., LI, H. et BROWN, L. L., « Defining the brain systems of lust, romantic attraction, and attachment », *Archives of sexual behavior, 31*, 413-9 (2002).

103. SOLOMON, R. L. « The opponent-process theory of acquired motivation : the costs of pleasure and the benefits of pain », *The American journal of psychology, 35*, 691-712 (1980).

104. KOVACS, G. L., SARNYAI, Z. et SZABO, G., « Oxytocin and addiction : a review », *Psychoneuroendocrinology, 23*, 945-62 (1998).

105. DELLU, F., PIAZZA, P. V., MAYO, W., LE MOAL, M. et SIMON, H., « Novelty-seeking in rats-biobehavioral characteristics and possible relationship with the sensation-seeking trait in man », *Neuropsychobiology, 34*, 136-45 (1996).

106. SCHMITT, D. P. et BUSS, D. M., « Human mate poaching : tactics and temptations for infiltrating existing mateships », *Journal of personality and social psychology, 80*, 894-917 (2001).

107. THOMPSON, A. P., « Extramarital sexual crisis : common themes and therapy implications », *Journal of sex & marital therapy, 10*, 239-54 (1984).

108. BUSS, D. M., « Review. Human Mate Guarding », *Neuroendocrinology letters, 23*, 23-9 (2002).

109. LEMIEUX, R., « Picnics, flowers, and moonlight strolls : an exploration of routine love behaviors », *Psychological reports, 78*, 91-8 (1996).

110. BUSS, D. M., LARSEN, R. J., WESTEN, D. et SEMMELROTH, J., « Sex differences in jealousy : Evolution, physiology and psychology », *Psychological Science, 3*, 251-255 (1992).

111. BUSS, D. M., SHACKELFORD, T. K., CHOE, J., BUUNK, B. P. et DIJKSTRA, P., « Distress about mating rivals », *Personal Relationships, 7*, 235-243 (2000).

112. BUSS, D. M. et SHACKELFORD, T. K., « From vigilance to violence : mate retention tactics in married couples », *Journal of personality and social psychology, 72*, 346-61 (1997).

113. BUSS, D. M., « From vigilance to violence : tactics of mate retention among American undergraduates », *Ethology and Sociobiology, 9*, 191-317 (1988).

114. MARAZZITI, D., DI NASSO, E., MASALA, I., BARONI, S., ABELLI, M., MENGALI, F., MUNGAI F. et RUCCI P., « Normal and obsessional jealousy : a study of a population of young adults », *European Psychiatry, 18*, 106-111 (2003).

115. MORIMOTO, K., MIYATAKE, R., NAKAMURA, M., WATANABE, T., HIRAO, T. et SUWAKI, H., « Delusional disorder : molecular genetic evidence for dopamine psychosis », *Neuropsychopharmacology, 26*, 794-801 (2002).

116. MCNAMARA, P. et DURSO, R., « Reversible pathologic jealousy (Othello syndrome) associated with amantadine », *Journal of geriatric psychiatry and neurology, 4*, 157-9 (1991).

117. ELLINWOOD, E. H., « Amphetamine psychosis I. Description of the individuals and process », *Journal of Nervous Mental Disorders, 144*, 273-283 (1976).

118. DALY, M., WILSON, M. et WEGHORST, S. J., « Male sexual jealousy », *Ethology and Sociobiology, 3*, 11-27 (1982).

119. JEWKES, R. U., « Intimate partner violence : causes and prevention », *The Lancet, 359*, 1423-1429 (2002).

120. WILSON, M. et DALY, M., « An evolutionary psychological perspective on male sexual proprietariness and violence against wives », *Violence and victims, 8*, 271-94 (1993).

121. CAMPBELL, J. C., « Beating of wives : a cross-cultural perspective », *Victimology, 10,* 174-85 (1985).

122. JANKOWIAK, W. R. et FISCHER, E. F., « A cross-cultural perspective on romantic love », *Ethnology, 31,* 149 (1992).

123. RICHARD, D. et RICHARD, C., *Le Divorce en douceur,* Michel Lafon, Paris (2000).

124. MURRAY, S. L., HOLMES, J. G. et GRIFFIN, D. W., « The self-fulfilling nature of positive illusions in romantic relationships : love is not blind, but prescient », *Journal of personality and social psychology, 71,* 1155-80 (1996).

125. DRIGOTAS, S. M., RUSBULT, C. E., WIESELQUIST, J. et WHITTON, S. W., « Close partner as sculptor of the ideal self : behavioral affirmation and the Michelangelo phenomenon », *Journal of personality and social psychology, 77,* 293-323 (1999).

126. FLETCHER, G. J., SIMPSON, J. A., THOMAS, G. et GILES, L., « Ideals in intimate relationships », *Journal of personality and social psychology, 76,* 72-89 (1999).

127. GOTTMAN, J. M. et LEVENSON, R. W., « Marital processes predictive of later dissolution : behavior, physiology, and health », *Journal of personality and social psychology, 63,* 221-33 (1992).

128. GOTTMAN, J. M. et KROKOFF, L. J., « Marital interaction and satisfaction : a longitudinal view », *Journal of consulting and clinical psychology, 57,* 47-52 (1989).

129. CARRERE, S. et GOTTMAN, J. M., « Predicting divorce among newlyweds from the first three minutes of a marital conflict discussion », *Family process, 38,* 293-301 (1999).

130. MALARKEY, W. B., KIECOLT-GLASER, J. K., PEARL, D. et GLASER, R., « Hostile behavior during marital conflict alters pituitary and adrenal hormones », *Psychosomatic medicine, 56,* 41-51 (1994).

131. CARSTENSEN , L. L., GOTTMAN , J. M. et LEVENSON, R. W., « Emotional behavior in long-term marriage », *Psychology and aging, 10,* 140-9 (1995).

132. CASSIDY, J., « Truth, lies, and intimacy : an attachment perspective », *Attachment & human development, 3,* 121-55 (2001).

133. ROBINS, R. W., CASPI, A. et MOFFITT, T. E., « It's not just who you're with, it's who you are : personality and relationship experiences across multiple relationships », *Journal of personality, 70,* 925-64 (2002).

134. TERMAN, L. M., *Psychological factors in marital happiness,* McGraw Hill, New York (1938).

135. KELLY, E. L. et CONLEY, J. J., « Personality and compatibility : a prospective analysis of marital stability and marital satisfaction », *Journal of Personality and Social Psychology, 52,* 27-40 (1987).

136. Karney, B. R., in *International Encyclopedia of the Social & Behavioral Sciences*, 11270-11274. Elsevier Science Ltd, Oxford (2001).

137. Deitler, P. M. et Newcomb, M. D. « Longitudinal study of marital success and failure », *Journal of Consulting and Clinical Psychology, 46*, 1053-1070 (1978).

138. Sternberg, R. J., « A triangular theory of love », *Psychological Bulletin, 93*, 119-138 (1986).

139. Engel, G., Olson, K. R. et Patrick, C., « The personality of love : fundamental motives and traits related to components of love », *Personality and Individual Differences, 32*, 839-853 (2002).

140. Sternberg, R. J., *Cupid's arrow : the course of love through time*, Cambridge University Press, Londres (1998).

141. Costa, P. T. et McCrae, R. R., *NEO PI-R professional manual*, Odessa, Fl (1992).

142. Sternberg, R. J. et Grajek, S., « The nature of love », *Journal of Personality and Social Psychology, 47*, 312-329 (1984).

143. Buss, D. M., « Conflict in married couples : personality predictors of anger and upset », *Journal of personality, 59*, 663-88 (1991).

144. Friedman, M. et Rosenman, R. H., « Association of specific overt behavior pattern with blood and cardiovascular findings : blood cholesterol level, blood clotting time, incidence of arcus senilis and clinical coronary artery disease », *Journal of the American Medical Association, 169*, 1286-1296 (1959).

145. Dantzer, R., *L'Illusion psychosomatique*, Odile Jacob, Paris (1989).

146. Gottman, J. M., *Marital interaction : experimental investigations*, Academic Press, New York (1979).

147. Bittker, T. E., Buschbaum, M. S., R. B. Williams et Wynne, L. C., « Cardiovascular and nuerophysiologic correlates of sensory intake and rejection. II. Interview behavior », *Psychophysiology, 12*, 434-438 (1975).

148. Thomsen, D. G. et Gilbert, D. G., « Factors characterising marital conflict states and traits : physiological, affective, behavioral and neurotic variable contributions to marital conflict and satisfaction », *Personality and Individual Differences, 25*, 833-855 (1998).

149. Sanders, J. D., Smith, T. W. et Alexander, J. F., « Type A behavior and marital interaction : hostile-dominant responses during conflict », *Journal of behavioral medicine, 14*, 567-80 (1991).

150. Levenson, R. W., Carstensen, L. L. et Gottman, J. M., « Long-term marriage : age, gender, and satisfaction », *Psychology and aging, 8*, 301-13 (1993).

151. ROBLES, T. F. et KIECOLT-GLASER, J. K., « The physiology of marriage : pathways to health », *Physiology and Behavior, 79*, 409-416 (2003).

152. HOUSE, J. S., LANDIS, K. R. et UMBERSON, D., « Social relationships and health », *Science, 241*, 540-545 (1988).

153. CACIOPPO, J. T., ERNST, J. M., BURLESON, M. H., MCCLINTOCK, M. K., MALARKEY, W. B., HAWKLEY, L. C., KOWALEWSKI, R. B., PAULSEN, A., HOBSON, J. A., HUGDAHL, K., SPIEGEL, D. et BERNTSON, G. G., « Lonely traits and concomitant physiological processes : the MacArthur social neuroscience studies », *International journal of psychophysiology : official journal of the International Organization of Psychophysiology, 35*, 143-54 (2000).

154. UCHINO, B. N., CACIOPPO, J. T. et KIECOLT-GLASER, J. K., « The relationship between social support and physiological processes : a review with emphasis on underlying mechanisms and implications for health », *Psychological bulletin, 119*, 488-531 (1996).

155. UVNAS-MOBERG, K., « Physiological and endocrine effects of social contact », *Annals of the New York Academy of Sciences, 807*, 146-63 (1997).

156. MASON, W. A. et MENDOZA, S. P., « Generic aspects of primate attachments : parents, offspring and mates », *Psychoneuroendocrinology, 23*, 765-78 (1998).

157. CAPITANIO, J. P. et MASON, W. A., « Cognitive style : problem solving by rhesus macaques (Macaca mulatta) reared with living or inanimate substitute mothers », *Journal of comparative psychology, 114*, 115-25 (2000).

158. MCGLONE, J. J. et ANDERSON, D. L., « Synthetic maternal pheromone stimulates feeding behavior and weight gain in weaned pigs », *Journal of animal science, 80*, 3179-83 (2002).

159. AL-MERESTANI, M. R. et BRUCKNER, G., « Influence of hormonal secretion and fertility in merino mutton sheep by exogenous pheromone application during the breeding season », *Beitrage zur tropischen Landwirtschaft und Veterinarmedizin, 30*, 397-406 (1992).

160. ATTERHOLT, C. A., DELWICHE, M. J., RICE, R. E. et KROCHTA, J. M., « Controlled release of insect sex pheromones from paraffin wax and emulsions », *Journal of controlled release : official journal of the controlled Release Society, 57*, 233-47 (1999).

161. OMI, S., UMEKI, N., MOHRI, H. et ISO, M., « Microencapsulation of pheromone-analogue and measurement of the sustained release », *Journal of microencapsulation, 8*, 465-78 (1991).

162. OVER, R., COHEN-TANNOUDJI, J., DEHNHARD, M., CLAUS, R. et SIGNORET, J. P., « Effect of pheromones from male goats on LH-secretion in anoestrous ewes », *Physiology & behavior, 48*, 665-8 (1990).

163. BERLINER, D. L., JENNINGS-WHITE, C. et LAVKER, R. M., « The human skin : fragrances and pheromones », *The Journal of steroid biochemistry and molecular biology, 39*, 671-9 (1991).

164. ARONSON, J., « Signs of love, not a love potion », *British Medical Journal, 327*, 1471-1472 (2003).

165. CARRERE, S., BUEHLMAN, K. T., GOTTMAN, J. M., COAN, J. A. et RUCKSTUHL, L., « Predicting marital stability and divorce in newlywed couples », *Journal of family psychology : JFP : journal of the Division of Family Psychology of the American Psychological Association, 14*, 42-58 (2000).

166. GOLDBERG, L. R., *A broad-bandwidth, public domain, personality inventory measuring the lower-level facets of several five-factor models,* In I. Mervielde, I. D., F. De Fruyt et F. Ostendorf, Tilburg University Press, Tilburg, The Netherlands (1999).

Remerciements

J'ai eu la chance de travailler avec Marie-Lorraine Colas, pour la préparation de ce livre : c'était un vrai plaisir et un bonheur de pouvoir compter sur une collaboration aussi efficace, enthousiaste et amicale.

Remercier mon mari, Jean-Didier Vincent pour sa participation est difficile : je fais partie des nombreux élèves qu'il a inspirés et formés et qui trouvent en lui une source, inépuisable et sûre, de savoir, de sagesse, de philosophie et d'impertinence. Il est évident que ce livre lui doit tout.

Je remercie aussi très chaleureusement Odile Jacob pour sa confiance et son soutien précieux.

Table

INTRODUCTION : *Notre histoire d'amour à tous* 9

Première partie
Une attraction irrésistible

CHAPITRE PREMIER : *L'amour, c'est plus fort que tout !* ... 15

On cherche quelqu'un ? 16
Qui cherche-t-on ? 17
Mon amour, mon même 19
Le même, mais un autre ! 29

CHAPITRE 2 : *Vos forces et vos atouts.*
Beauté, intelligence, etc. 36

De l'intérêt d'être beau 37
Le choix de l'intelligence 48
À qui, à quoi se fier ? 54

Deuxième partie
Le cerveau amoureux

CHAPITRE 3 : *C'est un beau roman,*
c'est une belle histoire… 61

À vos marques… Prêt ? Partez ! 61
Toi seul pour moi seule 66

CHAPITRE 4 : *Les drogues de l'amour*
Attachement et dépendance 74

Un besoin et un plaisir... 74
De modification chimique en modification chimique 80
Loin de toi, je suis mal 86
Les étapes de l'amour... 90

CHAPITRE 5 : *À quoi sert la jalousie ?*
De la conquête à la possession 94

Les dangers du braconnage.. 95
Jalouses et jaloux... 96
Jalousie verte et jalousie noire 102
L'instinct de propriété 104
Monogamie et polygamie 106
Le piège 109

Troisième partie
La cristallisation

CHAPITRE 6 : *La gestion de l'amour* 113

Pourquoi on quitte l'autre, ou pas ?...................................... 114
Comment on « se fait » à l'autre 118
Ce n'est pas ce que tu as dit, c'est ta façon de le dire 125

CHAPITRE 7 : *Personnages et caractères* 128

L'ennemi du couple : le pessimisme 128
Le secret de l'amour : le travail 131
Les réactions face au stress : les types A et B 135

Table 191

CHAPITRE 8 : *L'amour médecin* 139

Le célibataire est plus facilement malade 140
Plus on est de fous… mieux on se porte 141
De l'amour aux cellules immunocompétentes 142
Le bien-être, le mal-être et l'ocytocine 143
On est toujours la moitié de quelqu'un 145
À trois, on fait tout de suite foule 147
Les épilogues heureux 148
Quand l'amour se fait attendre : les potions magiques 149

CONCLUSION : *Les ruses de l'amour* 157

QUIZ ! : *Quel type d'amoureux êtes-vous ?* 161

Connaissez-vous vraiment votre partenaire ? 162
Et vous, êtes-vous plutôt névrotique
ou plutôt consciencieux ? 166

Notes et références bibliographiques 175

Remerciements 188

Cet ouvrage a été transcodé et mis en pages
chez Nord Compo (Villeneuve d'Ascq)

Imprimé en France sur Presse Offset par

C P I

Brodard & Taupin

La Flèche (Sarthe), le 18-03-2008
N° d'impression : 46226
N° d'édition : 7381-1744-5
Dépôt légal : janvier 2007
Imprimé en France